iPhone

Tipps und Tricks zu iOS 15

PHILIP KIEFER

Markt+Technik

ISBN 978-3-95982-282-4

Espenpark 1a
90559 Burgthann

Produktmanagement Christian Braun, Burkhardt Lühr
Lektorat, Herstellung Jutta Brunemann
Covergestaltung David Haberkamp
Coverfotos © Alexmu – Adobe Stock; Tanja Binder
Druck mediaprint solutions GmbH, Paderborn
Printed in Germany

Inhaltsverzeichnis

1. Alles rauskitzeln aus Ihrem iPhone mit iOS 15 7

Die wichtigsten Neuerungen von iOS 15 im Überblick 8

2. Clevere Tipps und Tricks für die optimale Bedienung Ihres iPhones 14

Mit Live Text kinderleicht Texte aus Fotos übernehmen 14

Die Sprachassistentin Siri perfekt nutzen 16

Texte gekonnt diktieren statt eintippen 21

Das iPhone komplett per Sprache steuern 24

Bildschirmfoto per Doppeltipp 25

Weitere nützliche Bedienungshilfen einsetzen 26

Kontextmenüs aufrufen 32

Nervende Tastaturfunktionen abschalten 32

Die iPhone-Tastatur anpassen 35

Nützliche Tastaturfunktionen, die Sie kennen sollten 37

Drag-and-drop 40

Leichter und schneller tippen mit einer Bluetooth-Tastatur 40

Das Kontrollzentrum einrichten 42

3. Mit App-Mediathek und Co. Ihre Apps stets im Griff behalten 44

Die App-Mediathek: Ergänzung oder Alternative zum Home-Bildschirm 44

App-Ordner anlegen 50

Widgets auf dem Home-Bildschirm ablegen 52

Stets im Fokus: iPhone-Speicher, Batterienutzung und Datenvolumen 55

Von Ihnen getätigte Käufe ausblenden 61

4. Ihre persönlichen Daten rundum schützen 63

Mit Apple anmelden 63

E-Mail-Datenschutz und Privat-Relay 64

Weitere wichtige Datenschutz-Einstellungen vornehmen 65

Versteckte Schnüffelfunktionen abstellen 67

Verbergen Sie verfängliche Daten vor anderen iPhone-Nutzern 71

Verbieten Sie den Zugriff auf Mitteilungen im gesperrten Zustand 76

Bildschirmzeit kontrollieren, App-Limits einrichten, Beschränkungen konfigurieren 77

5. Clever (video)telefonieren und chatten mit Ihrem iPhone 79

Die Telefonfunktionen Ihres iPhones voll ausschöpfen 79

Die besten Tipps zum Chatten mit iMessage 85

Lassen Sie sich von Ihrem iPhone nicht stören 94

6. Gekonnt Aufnahmen tätigen und diese ansprechend präsentieren 96

Die pfiffigsten Kamerafunktionen kennenlernen 96

Aufnahmen direkt auf dem iPhone bearbeiten 101

Aufnahmen präsentieren oder mit anderen Personen teilen 106

7. Prima Tipps für die Medienwiedergabe 112

Die besten Tipps für die Medienwiedergabe 112

Medienstreaming leicht gemacht 114

8. Mit dem iPhone jederzeit ins Web gehen und mailen 118

Internetnutzung im Ausland 118

Ihr iPhone als WLAN-Hotspot einsetzen 119

Die besten Funktionen fürs Surfen im Internet 120

E-Mails noch besser senden und empfangen 128

9. Setzen Sie den Onlinespeicherdienst iCloud optimal ein 131

Den iCloud-Speicher jederzeit im Griff 131

Mit der Dateien-App mehrere Cloud-Speicher verwalten 133

Auf iCloud Drive im Finder bzw. Windows-Explorer zugreifen 136

Im Web auf iCloud-Daten zugreifen 137

Dank Familienfreigabe: Einkäufe gemeinsam nutzen 138

10. Die besten Tipps und Tricks zu weiteren Funktionen und Apps 140

Das iPhone als Simultanübersetzer einsetzen 140

Ihre Gesundheit mit der App Health stets im Blick 141

Karten-App in neuem Design 143

Detailliertere Infos in der Wetter-App 144

Kontakte und Termine perfekt verwalten 145

Drahtloser Datenaustausch mit AirDrop 149
Wichtige Infos zu Code-Sperre und Face ID 149
Das iPhone zurücksetzen 152

Stichwortverzeichnis **154**

1. Alles rauskitzeln aus Ihrem iPhone mit iOS 15

Im Jahr 2007 wurde ein Stück Technikgeschichte geschrieben. Denn damals wurde vom Apple-Mitgründer Steve Jobs das iPhone vorgestellt. Es war das erste moderne Smartphone mit Multitouch-Display – also ein Smartphone, wie wir sie heute kennen und wie sie aus unserem Alltag und Berufsleben kaum mehr wegzudenken sind. Seit 2007 hat sich technisch natürlich sehr viel getan. Unter anderem hat sich die Rechengeschwindigkeit gegenüber dem ersten iPhone verzigfacht, die Auflösung und Qualität des Displays ist um Längen besser als zu den Anfangszeiten, und die iPhone-Kamera genügt inzwischen selbst professionellen Ansprüchen.

Mit neuen iPhones und einem aktualisierten Betriebssystem kommen jedes Jahr mehr oder weniger spektakuläre Neuerungen hinzu. Das neue iPhone-Betriebssystem iOS 15 ist seit dem 20. September 2021 erhältlich und hat für iPhone-Nutzer spannende neue Features zu bieten.

Falls Sie iOS 15 noch nicht installiert haben

Wie schon das Vorgänger-Betriebssystem lässt sich auch iOS 15 auf iPhone-Modellen ab dem iPhone 6s installieren, also auf allen iPhones, die ab dem Jahr 2015 veröffentlicht wurden. Ältere iPhones bleiben leider außen vor. Wenn Sie iOS 15 bisher noch nicht installiert haben, öffnen Sie auf Ihrem iPhone die *Einstellungen*, wählen dort den Eintrag *Allgemein* und entscheiden sich schließlich für *Softwareupdate*.

Bereits seit dem Jahr 2010 – damals kam gerade das iPhone 4 auf den Markt – schreibe ich jedes Jahr Bücher über die neusten iPhones und das jeweils aktuelle iOS. In diesem Zeitraum hat sich eine Menge an Kenntnissen und Erfahrungen angesammelt, die ich mit diesem Buch an Sie weiterreichen möchte.

In den folgenden Kapiteln erhalten Sie unzählige Tipps und Tricks aus meiner langjährigen iPhone-Praxis. Ein Schwerpunkt liegt dabei auf den Neuerungen unter iOS 15, aber ich möchte Ihnen auch vieles Altbewährte vorstellen, das noch nicht jeder iPhone-Nutzer kennt, das Ihnen aber sehr nützlich sein kann. Einige der Funktionen sind an die Hardware gebunden, stehen also nur auf neueren iPhone-Modellen zur Verfügung, die meisten der geschilderten Funktionen können jedoch auf jedem iPhone mit iOS 15 genutzt werden.

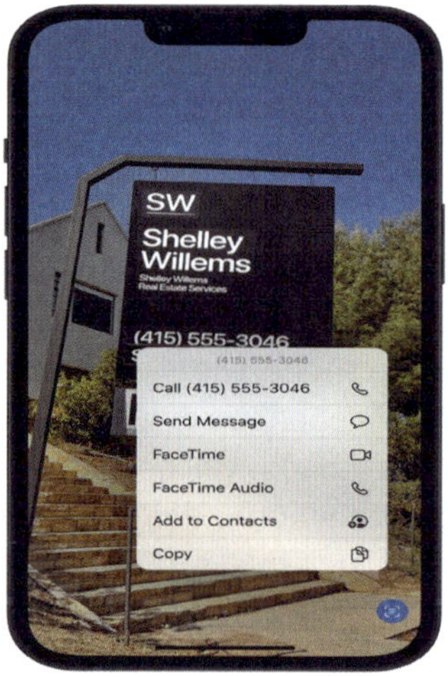

Diese Abbildung zeigt ein iPhone 13 mit der Live-Text-Funktion unter iOS 15, die Text in Fotos automatisch erkennt und entsprechende Aktionen anbietet (Quelle der Abbildung: Apple)

Im Folgenden gehe ich davon aus, dass Sie Ihr iPhone bereits in Betrieb genommen haben und auch mit den grundlegenden Bedienfunktionen vertraut sind. Falls Ihnen die Basics noch nicht geläufig sein sollten, verweise ich Sie gern auf meine ebenfalls im Hause Markt+Technik erhältliche Einführungslektüre zu den jüngsten iPhones.

Die wichtigsten Neuerungen von iOS 15 im Überblick

Nachdem Sie iOS 15 installiert haben, stehen Ihnen einige pfiffige neue Funktionen auf Ihrem iPhone zur Verfügung, mit denen Sie Ihr Gerät noch effizienter als bisher nutzen können. Lassen Sie mich Ihnen die wichtigsten Highlights zunächst in Kurzform vorstellen:

- Der Nicht-stören-Modus wurde durch zusätzliche *Fokus*-Funktionen erweitert, mit denen sich Mitteilungen (von Personen oder auch Apps) je nach gerade durchgeführter Aktivität filtern lassen. Sogar der Home-Bildschirm lässt sich dem jeweiligen Fokusstatus anpassen.

- Die FaceTime-Funktion für Video- und Audiotelefonate übers Internet wurde upgegradet. Am allerwichtigsten: FaceTime kann nun auch von Personen außerhalb des Apple-Universums genutzt werden, sofern Sie diesen einen entsprechenden FaceTime-Link senden. Darüber hinaus gibt es klangliche Verbesserungen wie 3D Audio bei Gruppentelefonaten – die Stimmen klingen dadurch, als ob sie aus unterschiedlichen Richtungen kämen. Als optische Verbesserung ist der Porträtmodus während eines FaceTime-Telefonats zu nennen, bei dem der Hintergrund –wie bei einem mit der iPhone-Kamera geschossenen Porträtfoto – weichgezeichnet wird.
- Dank SharePlay können über FaceTime nun sogar Mediendateien gestreamt werden, um z. B. gemeinsam ein Musikstück anzuhören oder eine TV-Serie anzusehen – egal ob auf einem iPhone oder auf dem Apple TV. Diese Funktion wurde im November 2021 mit dem Update auf iOS 15.1 ergänzt.
- Bei der neuen Funktion *Live Text* werden Texte erkannt, die Sie mit der iPhone-Kamera fokussieren. Aber nicht nur das: Ihnen werden auch automatisch passende Aktionen zu den erkannten Texten angeboten, etwa das Anrufen einer auf einem Foto erkannten Telefonnummer oder das Übersetzen der erkannten Texte in mehrere Sprachen.
- Die Übersetzungsfunktion ist jetzt systemweit verfügbar und kann in unterschiedlichen Apps verwendet werden – beispielsweise so wie eben erwähnt in der App *Fotos*.
- Texte in Fotos lassen sich mit der integrierten Spotlight-Suche aufspüren. Sie können aber auch nach bestimmten Motiven suchen, etwa nach Fotos mit einem Hund oder einem Kind darauf. Hierbei kommt die von Apple so genannte »On-Device Intelligenz« zum Tragen.
- Auch in der Browser-App *Safari* hat sich einiges getan. So lässt sich nun die Startseite anpassen, z. B. mit einem ansprechenden Hintergrundbild versehen. Außerdem können Erweiterungen für die App aus dem App Store geladen werden. Zu Beginn etwas gewöhnungsbedürftig ist die neue Tableiste, die sich jedoch auch – wie Sie noch sehen wer-

den – auf die klassische Ansicht zurücksetzen lässt. Hinzu kommen die neue Tabgruppen-Funktion sowie eine Sprachsuche.

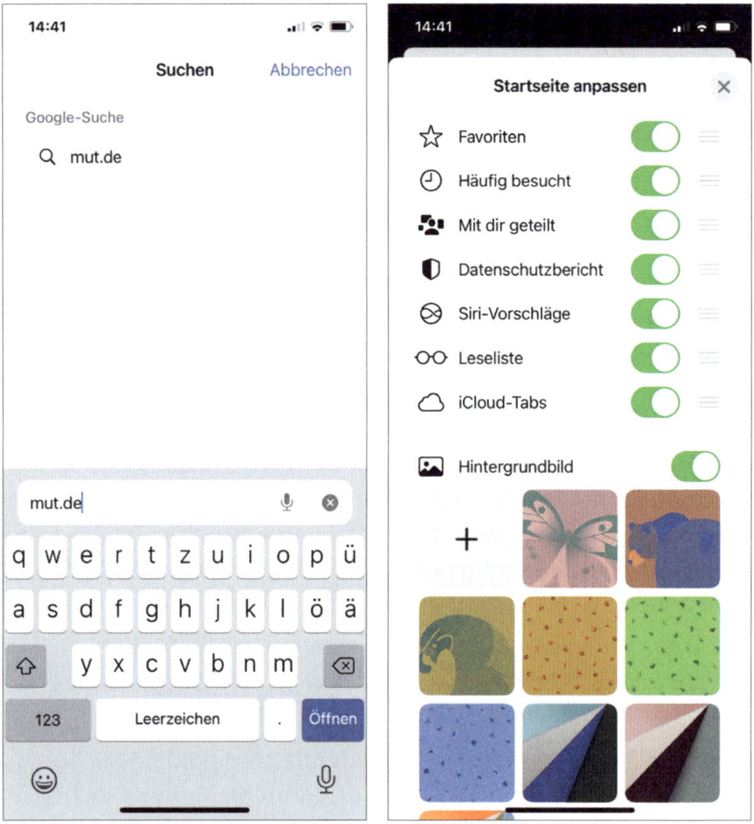

Diese Bildschirmfotos zeigen links die neue unten angeordnete Tableiste in der Browser-App-Safari und rechts die Anpassungsoptionen für die Safari-Startseite

- Die Rückblicke in der Fotos-App kommen unter iOS 15 in neuem Design und mit intelligenten Funktionen daher, sodass Sie zukünftig noch besser die aus Ihren Aufnahmen zusammengestellten automatischen Diashows genießen können.

- Das iPhone erkennt nun, ob eine Mitteilung wichtig ist und sofort zugestellt werden sollte oder ob die Zustellung eventuell gebündelt zusammen mit weiteren Mitteilungen erfolgen könnte. Sie können eine *Geplante Übersicht* individuell konfigurieren.
- Die App *Karten* wurde neu designt und bietet jetzt sogar einen Mondschein-Nachtmodus, einen interaktiven Globus sowie eine verbesserte Navigation, bis hin zu überlagerten Informationen in der Augmented Reality.

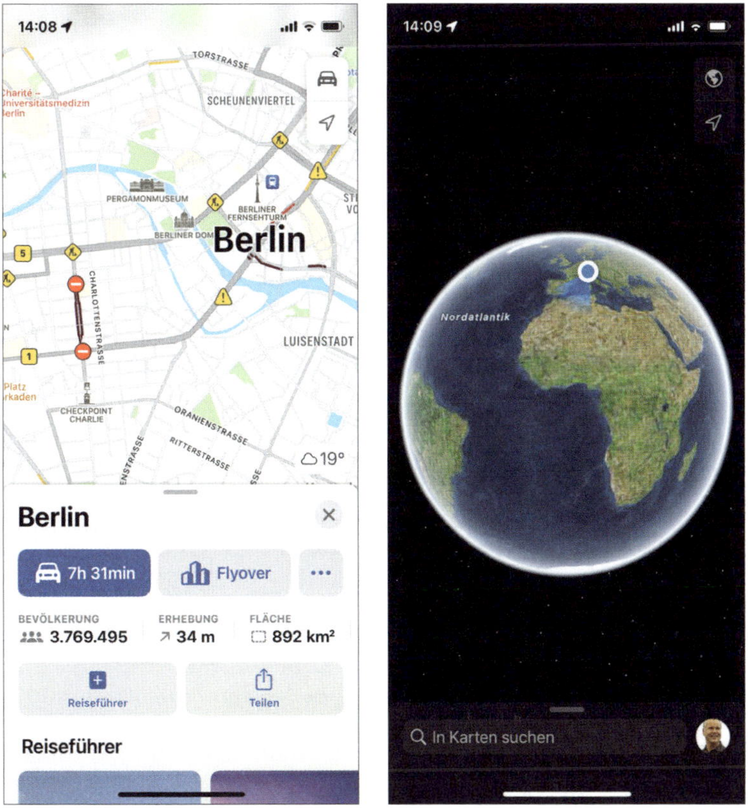

Die App Karten wartet unter iOS 15 mit einem frischen Design – sowie einem neuen App-Icon – auf. Einen Globus auf dem Schreibtisch benötigen Sie zukünftig nicht mehr.

- Auf einem iPhone mit iOS 15 können Sie mit ein wenig Fingerfertigkeit Dateien zwischen verschiedenen Apps per Drag-and-drop verschieben. Sie können also beispielsweise ein Foto einer Webseite in ein Notizblatt ziehen.

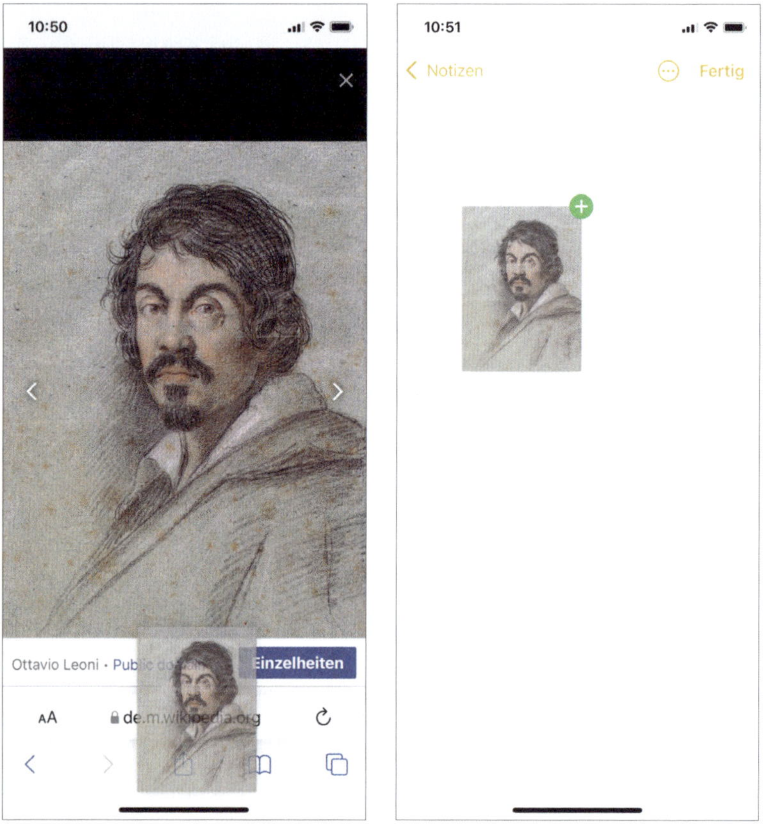

Drag-and-drop zwischen verschiedenen Apps – kein Problem auf einem iPhone mit iOS 15

- Praktisch für Personen, die auf einen physischen Schlüssel verzichten möchten: In der App *Wallet* lassen sich nun auch unterstützte Haus- und Hotelschlüssel speichern, um damit Türen zu öffnen. In einigen

US-Bundesstaaten lassen sich sogar Personalausweis und Führerschein in der App *Wallet* ablegen.

- Die App *Wetter* wurde grundlegend überarbeitet und bietet nicht nur ein moderneres Design, sondern auch zusätzliche Informationen und verschiedene animierte Hintergründe. Die App kann nun sogar über Niederschläge innerhalb der nächsten Stunde informieren – anfangs allerdings erst mal nur in den USA, Großbritannien sowie Irland.
- Auch in Sachen Datenschutz geht iOS 15 noch mal einen Schritt nach vorn: So wurden ein E-Mail-Datenschutz sowie ein intelligenter Tracking-Schutz für Safari integriert. Mit iCloud+ (in einem kostenpflichtigen iCloud-Abo enthalten) können Sie Ihre E-Mail-Adresse komplett verbergen und dank Privat-Relay privater surfen. Ebenfalls im Zusammenhang mit dem Datenschutz erwähnenswert: Ab dem iPhone Xs werden viele Siri-Anfragen nur noch offline verarbeitet, also nicht mehr übers Internet an irgendwelche Apple-Server geschickt.

Neben den gerade aufgezählten Neuerungen gibt es noch viele weitere kleinere Verbesserungen und hinzugekommene Finessen zu entdecken: das einfachere Teilen von Inhalten, Fotocollagen in der App *Nachrichten*, Erweiterungen der App *Health* unter anderem um eine Trendanalyse, das Organisieren von Notizen mithilfe von Tags, Bedienungshilfeeinstellungen für jede App extra, neue Widgets für *Kontakte*, App Store und weitere Apps und noch so einiges mehr.

Haben Sie nun viel Freude beim Erkunden zahlreicher nützlicher, smarter und faszinierender Tipps für Ihr iPhone mit iOS 15!

2. Clevere Tipps und Tricks für die optimale Bedienung Ihres iPhones

Ein iPhone lässt sich sehr einfach bedienen – nicht zuletzt diese Tatsache hat ihm zu seinem immensen Erfolg verholfen. Aber glauben Sie, Sie würden in Sachen Bedienung bereits alles aus Ihrem iPhone rausholen?

In diesem Kapitel zeige ich Ihnen, wie Sie die neue Funktion *Live Text* einsetzen. Wie Sie die Sprachassistentin Siri alles fragen können und in den meisten Fällen sogar eine passende Antwort oder Reaktion erhalten.

Sie machen sich mit einer neuen Funktion vertraut, die es erlaubt, Fotos oder Dokumente zwischen verschiedenen Apps zu kopieren und einzufügen. Sie erfahren, wie Sie die Sprachsteuerung verwenden und das iPhone damit ganz ohne Hände steuern.

Lernen Sie darüber hinaus viele weitere pfiffige Bedienungshilfen kennen. Machen Sie sich außerdem mit nützlichen Funktionen rund um die iPhone-Tastatur vertraut.

Mit Live Text kinderleicht Texte aus Fotos übernehmen

Eine der sicherlich besten Funktionen, die unter iOS 15 neu hinzugekommen sind, nennt sich *Live Text*. Damit ist gemeint, dass unter iOS 15 Texte in Bildern erkannt werden, und zwar nicht nur in bereits gespeicherten Bildern, sondern auch in Bildern, auf die Sie mit der iPhone-Kamera zeigen.

Die Texte lassen sich nicht nur kopieren, sondern z.B. auch übersetzen. Bei bestimmten Texten, etwa einer erkannten Rufnummer, werden Ihnen auch gleich noch die passenden Optionen zum Anrufen eingeblendet.

Lassen Sie mich Ihnen am Beispiel eines englischen Buchcovers zeigen, wie Sie *Live Text* mit der iPhone-Kamera einscannen und übersetzen lassen:

1 Weisen Sie mit der Kamera auf einen Text. Wird der Text erfasst, wird dies durch das Symbol angezeigt. Tippen Sie dieses Symbol an.

2 Der Text wird hereingezoomt. Per Doppeltipp darauf können Sie ihn markieren. Ihnen wird dann ein Menü angeboten, in dem Sie unter anderem die Option zum Kopieren des Textes in die Zwischenablage erhalten. Blättern Sie in diesem Menü weiter.

3 Entscheiden Sie sich für die Option *Übersetzen*.

4 Ihnen wird daraufhin prompt die passende Übersetzung angeboten.

Die Sprachassistentin Siri perfekt nutzen

Die Sprachassistentin Siri wurde 2011 eingeführt, auf dem damals brandaktuellen iPhone 4S. Fragen, die Siri gestellt wurden, lauteten unter anderem: »Siri, willst du mich heiraten?«, »Siri, brauche ich einen Regenschirm?«. Ja, Siri kann eine ganze Menge Fragen beantworten und Befehle ausführen, und zwar von Jahr zu Jahr mehr. Um Siri empfangsbereit zu machen, halten Sie die Seitentaste bzw. bei älteren iPhone-Modellen die Home-Taste gedrückt.

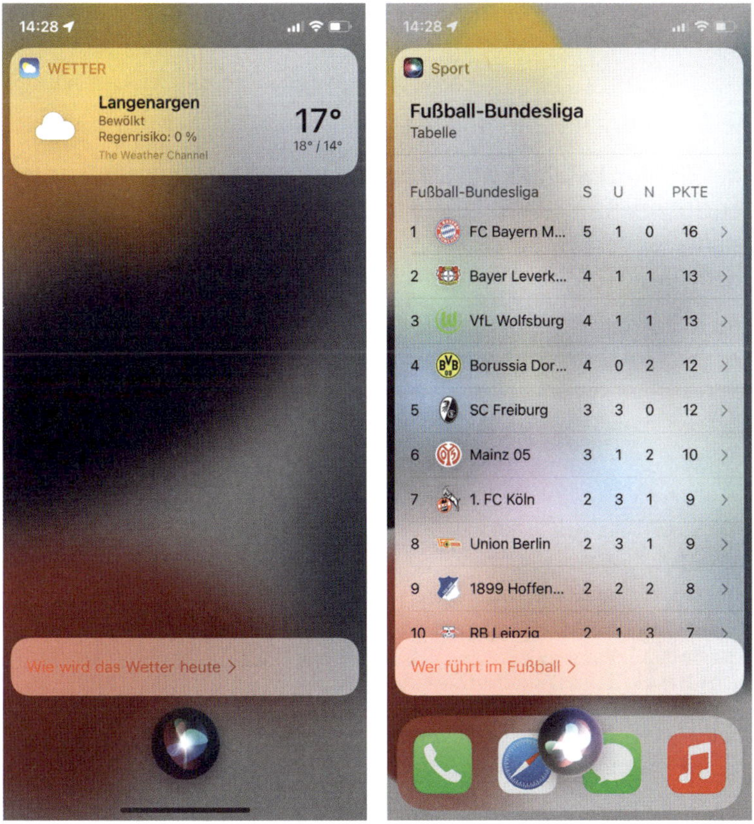

Eine Wetterprognose erhalten, Sportergebnisse anzeigen, Apps öffnen, Routen planen, Nachrichten senden, Wissensfragen beantworten – Siri können Sie eine ganze Menge fragen und befehlen

Siri auf Zuruf empfangsbereit machen

Möchten Sie, dass Siri auch auf Ihren Zuruf reagiert? Dann öffnen Sie die *Einstellungen* und wählen Sie den Eintrag *Siri & Suchen*. Aktivieren Sie den Schalter *Auf „Hey Siri" achten* und folgen Sie den Anweisungen des Assistenten. Diese Funktion saugt allerdings ein wenig am iPhone-Akku, sodass Sie sie wirklich nur bei Bedarf aktivieren sollten. Ein weiteres Manko: Bei

Umgebungsgeräuschen versteht Siri Sie entweder gar nicht oder ziemlich schlecht.

Eigene Siri-Kurzbefehle hinzufügen

Dank der Siri-Kurzbefehle kann Siri individuelle, von Ihnen definierte Befehle ausführen. Um Siri-Kurzbefehle zu erstellen, steht Ihnen die App *Kurzbefehle* zur Verfügung. Lassen Sie mich Ihnen hier vorführen, wie Sie mit einem einzigen Wort Ihre Lieblingswebseite aufrufen können:

1 Öffnen Sie die App *Kurzbefehle*.

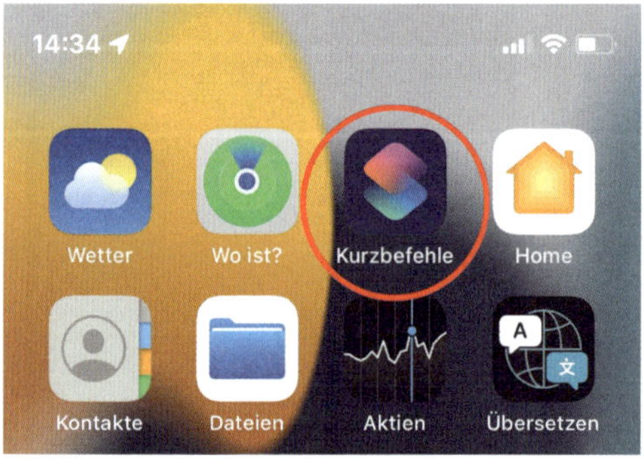

2 Tippen Sie nun rechts oben in der App auf das Plussymbol +.

3 Wählen Sie jetzt *Aktion hinzufügen*.

4 In diesem Fall soll eine Webseite aufgerufen werden, deshalb entscheiden Sie sich für die Kategorie *Web*.

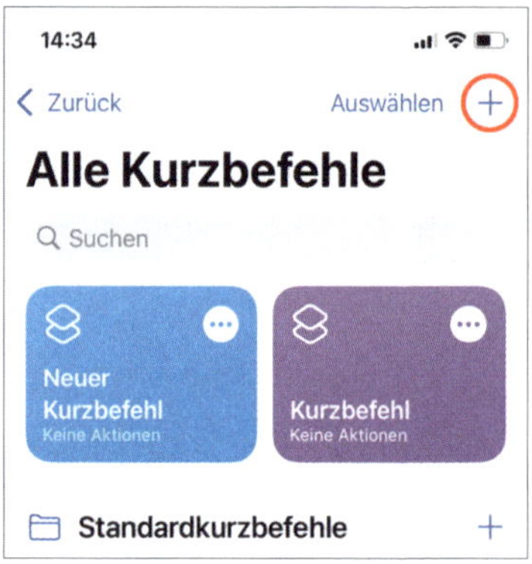

5 Tippen Sie im Abschnitt *Safari* auf den Eintrag *URLs öffnen*.

6 Geben Sie die gewünschte Webadresse ein, z. B. www.mut.de.

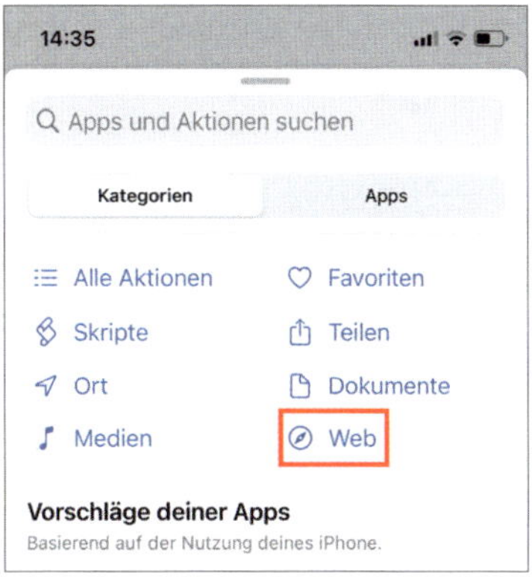

7 Zu guter Letzt tippen Sie in die Leiste oben den Befehl ein, den Sie zum Öffnen der Webadresse verwenden möchten. In diesem Fall gebe ich *Öffne Verlag* ein und bestätige mit *Fertig*.

Wenn Sie Siri den entsprechenden Befehl geben, wird prompt die Webseite aufgerufen. Der Kurzbefehl zum Aufrufen von Webseiten wird natürlich desto nützlicher, je länger die Webadresse ist, die Sie Siri sonst nennen müssten.

Wie Sie in der App sehen werden, lassen sich eine Menge weiterer Arten individueller Kurzbefehle definieren. Neben der Kategorie *Web* finden Sie dazu die Kategorien *Skripte*, *Medien*, *Ort*, *Dokumente* sowie *Teilen*. Erstellen Sie individuelle Kürzel für Siri-Befehle, die Sie häufig ausführen!

Automation erstellen

Siri-Befehle lassen sich nicht nur per Sprache ausführen, sondern sie lassen sich auch mit einer von Ihnen bestimmten Funktion verknüpfen. Mit den folgenden Schritten lege ich fest, dass beim Öffnen der App *Safari* sofort eine Webadresse geladen werden soll:

1 Entscheiden Sie sich unten in der App *Kurzbefehle* für die Rubrik *Automation* und wählen Sie *Persönliche Automation erstellen*.

2 Tippen Sie in der Liste mit Automationsoptionen auf den Eintrag *App*.

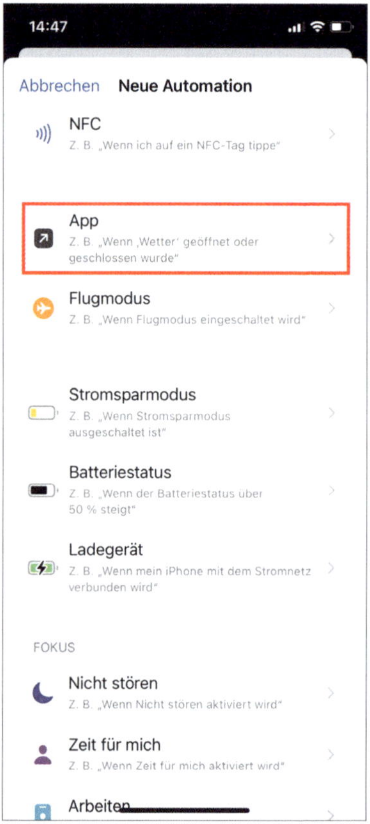

3 Wählen Sie anschließend die App *Safari* aus; die Option *geöffnet wird* ist bereits standardmäßig aktiviert.

4 Bestätigen Sie die App-Auswahl mit *Weiter*.

5 Die nächsten Schritte entsprechen dem oben gezeigten Hinzufügen eines Siri-Kurzbefehls, d. h., Sie wählen *Aktion hinzufügen*, entscheiden sich für die Kategorie *Web* usw.

Zwischen weiblicher und männlicher Siri-Stimme wechseln

Siri kann entweder mit einer weiblichen oder einer männlichen Stimme zu Ihnen sprechen.

Zum Anpassen der Siri-Stimme wählen Sie in den *Einstellungen* den Eintrag *Siri & Suchen*.

Tippen Sie dann auf *Siri-Stimme* und entscheiden Sie sich nach Ihrem Gusto für *Stimme 1* (männlich) bzw. *Stimme 2* (weiblich).

Wenn Sie die Sprachassistentin Siri nach ihrem Geschlecht fragen, erhalten Sie die Antwort, sie habe keines. Jedoch lässt sich zwischen männlicher und weiblicher Siri-Stimme wählen

Siri Ihren Spitznamen beibringen

Falls Sie von Siri mit einem Spitznamen angesprochen werden möchten, kein Problem! Sagen Sie zu Siri: »Nenn mich Meister!« Zukünftig wird Siri dann diesen Spitznamen verwenden, wenn Sie sie mit Namen anspricht.

Texte gekonnt diktieren statt eintippen

Auf der iPhone-Tastatur treffen Sie mit dem Finger nicht unbedingt sofort die gewünschte Taste. Alternativ setzen Sie zur Eingabe von Texten die Diktierfunktion ein. Das klappt sehr gut und erfordert nur etwas Übung. Die Diktierfunktion lässt sich unabhängig von Siri aktivieren, und zwar in den *Einstellungen* unter *Allgemein* und dort unten über *Tastatur* mit der Option *Diktierfunktion aktivieren*.

Eine Internetverbindung ist zum Diktieren nicht erforderlich. Um die Diktierfunktion in einer App einzusetzen, tippen Sie rechts unterhalb der iPhone-Tastatur auf das Mikrofonsymbol. Danach sprechen Sie Ihren Text ein. Bei längeren Texten gehen Sie satzweise vor. Wichtig ist: Sprechen Sie auch die Satzzeichen mit, diktieren Sie also etwa »Hallo Komma wie geht es dir Fragezeichen Neue Zeile«.

Starten Sie ein Diktat, indem Sie unterhalb der iPhone-Tastatur auf das Mikrofonsymbol tippen

Um wieder zur Tastatur zu wechseln, tippen Sie auf das Tastatursymbol. Prüfen Sie nun noch nach, ob Ihr iPhone Sie richtig verstanden hat! Falls nicht, führen Sie notwendige Korrekturen von Hand durch. Ein Diktat lässt sich alternativ auch per Siri starten, indem Sie der Sprachassistentin beispielsweise befehlen, eine neue Nachricht oder E-Mail zu erstellen. Entnehmen Sie der folgenden Tabelle wichtige deutsche Sprachbefehle für Ihre Diktate. Gut zu wissen: Die Diktierfunktion kann bis zu vier Diktiersprachen automatisch unterscheiden, die sich nach den von Ihnen hinzugefügten Tastaturen richten.

Ein Wort soll ausschließlich in Großbuchstaben diktiert werden?

Wenn Sie Text ausschließlich in Großbuchstaben diktieren möchten, geben Sie vor der entsprechenden Passage den Befehl »Großschaltung anfangen«. Nach dem Diktieren der großgeschriebenen Wörter sagen Sie dann »Großschaltung beenden«.

Befehl	Ergebnis
Neue Zeile	Erstellt eine neue Zeile.
Neuer Absatz	Erstellt einen neuen Absatz.
Punkt	.
Fragezeichen	?
Ausrufezeichen	!
Komma	,
Semikolon	;
Doppelpunkt	:

Befehl	Ergebnis
Bindestrich (diktieren Sie diesen bei zusammengesetzten Wörtern jeweils mit)	-
Gedankenstrich	–
Klammer auf	(
Klammer zu	)
Eckige Klammer auf	[
Eckige Klammer zu	]
Geschweifte Klammer auf	{
Geschweifte Klammer zu	}
Apostroph	'
Anführungszeichen unten	„
Anführungszeichen oben	"
Zitatanfang	»
Zitatende	«
Auslassungszeichen	...
Eurosymbol, Sternchen, Paragrafzeichen, Pluszeichen, Klammeraffe usw. (nennen Sie jeweils das gewünschte Sonderzeichen)	€, *, §, +, @ usw.
Eintausendzweihundertneunundfünfzig	1259
Römisch Eintausendzweihundertneunundfünfzig	MCCLIX
Zwölfter Juli Zweitausendzweiundzwanzig	12. Juli 2022
Zehn Uhr Fünfzehn (oder auch Viertel nach Zehn)	10:15 Uhr
Elf Euro Achtunddreißig	11,38 €
Fünfzig Zentimeter	50 cm
Smiley Gesicht	:-)
Zwinkerndes Gesicht	;-)
Trauriges Gesicht	:-(
Lachendes Gesicht	:-D

Das iPhone komplett per Sprache steuern

Neben Siri und der Diktierfunktion bietet das iPhone auch eine Sprachsteuerung, die den Bedienungshilfen zuzuordnen ist und es ermöglicht, das iPhone komplett durch Sprachbefehle, also ohne motorische Aktionen zu steuern. Per Sprache eine App öffnen – das ist schon länger mit Siri möglich. Mithilfe der Sprachsteuerung können Sie aber beispielsweise auch auf einer Seite navigieren und die verschiedenen Touch-Gesten ausführen. Wenn Sie die Sprachsteuerung nutzen möchten, aktivieren Sie diese in den *Einstellungen* unter *Bedienungshilfen* und dort unter *Sprachsteuerung*. Unter *Sprache* können Sie neben Deutsch auch die englische, spanische, französische sowie chinesische Sprache für die Sprachsteuerung auswählen.

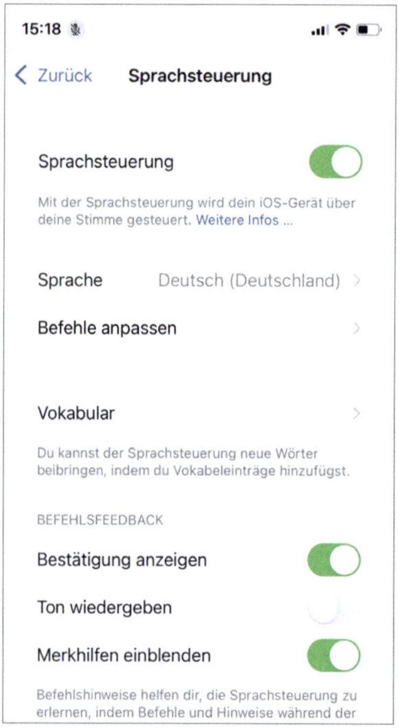

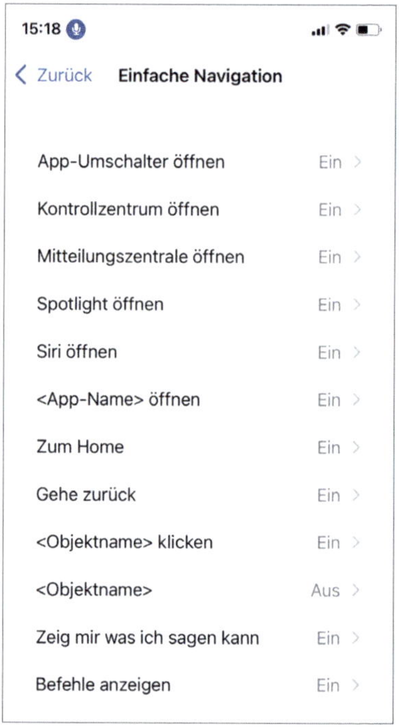

Die Sprachsteuerung ermöglicht die handfreie iPhone-Bedienung

Eine Übersicht über die Befehle, die Ihnen für die Sprachsteuerung zur Verfügung stehen, erhalten Sie, wenn Sie unter *Sprachsteuerung* auf den Eintrag *Befehle anpassen* tippen.

Alternativ geben Sie der Sprachsteuerung den Befehl »Zeig mir, was ich sagen kann«. Zusätzlich zu den bereits vorhandenen Befehlen können Sie der Sprachsteuerung noch individuelle Befehle hinzufügen, indem Sie auf *Neuen Befehl erstellen* tippen.

Bildschirmfoto per Doppeltipp

Eine richtig coole neue Bedienungshilfe wurde von Apple ziemlich gut versteckt. Sie ermöglicht es, unterschiedliche Aktionen durch einen Doppel- oder Dreifachtipp auf die Rückseite des iPhones auszuführen. So können Sie z. B. mit einem Doppeltipp auf die iPhone-Rückseite ein Bildschirmfoto aufnehmen, und mit einem Dreifachtipp lässt sich das iPhone »schütteln« (etwa, um eine Aktion zu widerrufen). So geht es Schritt für Schritt:

1 Rufen Sie auf Ihrem iPhone die *Einstellungen* auf.

2 Wählen Sie den Eintrag *Bedienungshilfen*.

3 Als Nächstes tippen Sie im Abschnitt *Physisch und Motorisch* auf den Eintrag *Tippen*.

4 Scrollen Sie auf der Seite nach unten und wählen Sie *Auf Rückseite tippen*.

5 Nun entscheiden Sie sich entweder für *Doppeltippen* oder *Dreimal tippen*.

6 Legen Sie zum Schluss fest, welche Aktion ausgeführt werden soll, also z. B. *Bildschirmfoto* (ein Bildschirmfoto wird dann aufgenommen und in der App *Fotos* gespeichert).

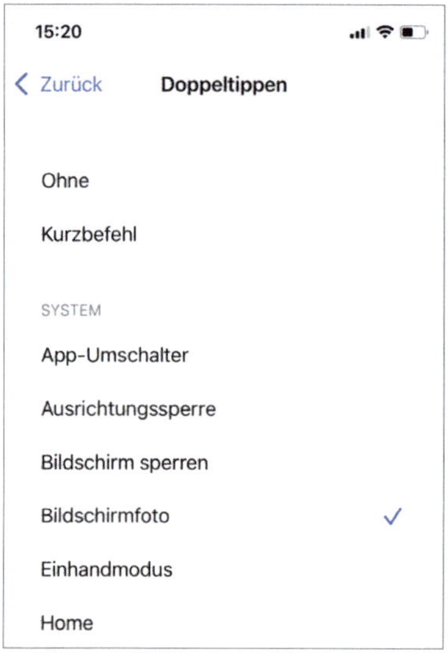

Das mit dem Rückseiten-Tipp funktioniert recht gut, im Test wurde das Tippen auch durch eine Silikonhülle erkannt, mit der ich mein iPhone schütze.

Weitere nützliche Bedienungshilfen einsetzen

Neben der gerade gezeigten Sprachsteuerung und dem Rückseiten-Tipp befinden sich zahlreiche weitere Bedienungshilfen mit an Bord Ihres iPhones.

Diese sind zwar in erster Linie für Personen mit Handicaps gedacht – aber auch ohne Handicap können sie durchaus nützlich sein! Sie finden die Bedienungshilfen in den *Einstellungen* unter dem Eintrag *Bedienungshilfen*.

Die folgende Tabelle gibt Ihnen den ultimativen Überblick.

Bedienungshilfe	Funktion
VoiceOver	Lassen Sie sich mit dieser Bedienungshilfe die Menüführung und Ihre sämtlichen Eingaben vorlesen. Sogar Blindenschriftgeräte lassen sich verbinden. Aber aufgepasst: Das Aktivieren von VoiceOver verändert die Bedienfunktionen des iPhones!
Zoom	Wenn Sie diese Funktion aktivieren, wird auf dem iPhone-Display eine Lupe eingeblendet, die Sie mit dem Finger nach oben und unten ziehen können. Zum Aus- und erneuten Einblenden der Lupe doppeltippen Sie mit drei Fingern auf das Display.
Anzeige & Textgröße	Unter diesem Eintrag finden Sie verschiedene Optionen zum Anpassen der Anzeige auf dem iPhone-Display, z. B. können Sie sich für die Darstellung von fett gedrucktem oder größerem Text entscheiden oder einen erhöhten Kontrast aktivieren. 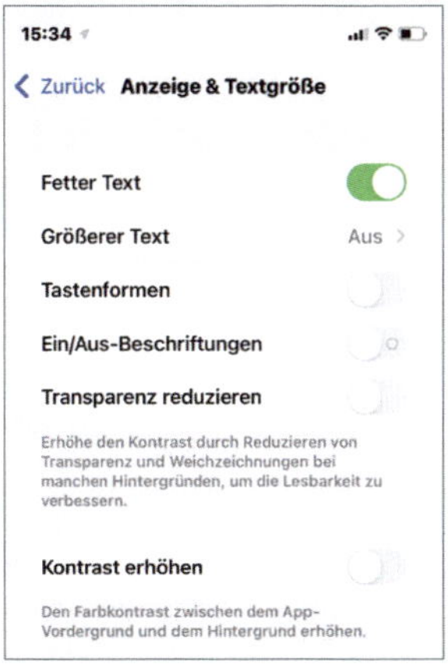
Bewegung	Mit dieser Funktion werden unnötige Bewegungen auf dem Display abgeschaltet.

<table>
<tr><th>Bedienungshilfe</th><th>Funktion</th></tr>
<tr><td>Gesprochene Inhalte</td><td>Sie möchten sich von Ihrem iPhone E-Mails und weitere Texte vorlesen lassen?
Dann aktivieren Sie unter *Gesprochene Inhalte* die Option *Auswahl sprechen*. Wenn Sie anschließend in einer App Text markieren, wird Ihnen das Sprechen des markierten Textes angeboten. Aktivieren Sie die Option *Bildschirminhalt sprechen*, dann ziehen Sie mit zwei Fingern vom oberen Displayrand nach unten, um sämtliche Displayinhalte vorzulesen.

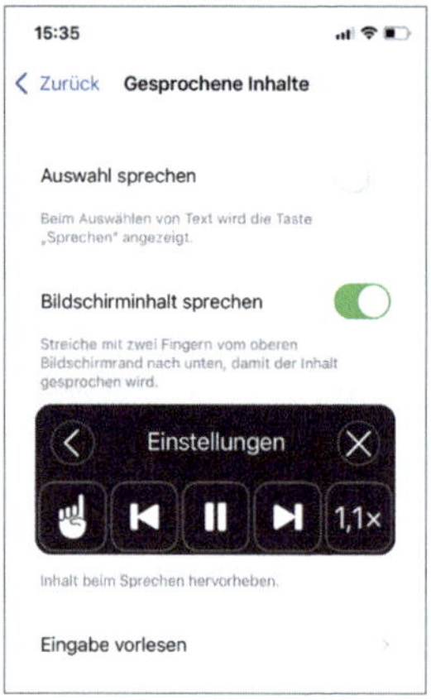

</td></tr>
<tr><td>Audiobeschreibungen</td><td>Sofern in einem Medium Audiobeschreibungen enthalten sind, können Sie mit dieser Option deren Wiedergabe aktivieren.</td></tr>
<tr><td>Tippen</td><td>Unter diesem Eintrag werden mehrere Bedienungshilfen für die Texteingabe zusammengefasst. Beim *Einhandmodus* wird der iPhone-Bildschirm nach unten verschoben, sodass die oberen Inhalte besser erreichbar sind. Dank *Assistive Touch* lässt sich das iPhone mit nur einem Finger bedienen – Gesten lassen sich in einem Menü auswählen. Der *3D & Haptic Touch*, also das Reagieren auf unterschiedliche Druckstärken, lässt sich hier abschalten. Haben Sie Probleme mit der Bedienung auf dem Touchscreen, nehmen Sie *Touch-Anpassungen* vor, etwa die Zeit, die vergehen muss, damit das Antippen mit dem Finger als solches erkannt wird. Mit der Funktion *Zum Aufwecken tippen* entscheiden Sie, ob das iPhone durch Antippen des Displays aus dem Stand-by-Modus aufgeweckt werden soll oder nicht. Unter dem Eintrag *Anrufaudioausgabe* können Sie festlegen, ob die Anrufannahme immer auf einem Headset</td></tr>
</table>

Bedienungshilfe	Funktion
	oder dem Lautsprecher erfolgen soll. Unter *Auf Rückseite tippen* können Sie Aktionen festlegen, die bei doppeltem oder dreifachem Tippen auf die Rückseite Ihres iPhones ausgeführt werden sollen.
Face ID & Aufmerksamkeit	Bei einem iPhone mit Face ID können Sie festlegen, ob Sie zum Entsperren in die Kamera blicken müssen oder nicht. Auch bei bestimmten Funktionen wird auf diese Weise Ihre Aufmerksamkeit geprüft.
Schalter-steuerung	Dank der Schaltersteuerung lässt sich das iPhone auf vielfältige Weise bedienen – unter anderem auch durch Kopfbewegungen. Aktivieren Sie dazu in den Bedienungshilfen unter *Schaltersteuerung* die Option *Schaltersteuerung*. Tippen Sie dann auf *Schalter* und wählen Sie *Neuen Schalter hinzufügen*. Entscheiden Sie sich für die »Quelle« *Kamera* und bestimmen Sie anschließend, welche Aktion bei einer Kopfbewegung nach links oder rechts ausgeführt werden soll. 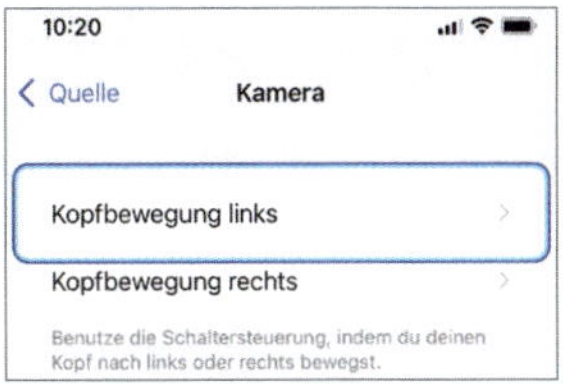
Sprachsteuerung	Diese Bedienungshilfe habe ich Ihnen bereits vorgestellt. Sie ermöglicht die iPhone-Bedienung nur durch Sprache.
Seitentaste	Sofern Sie über ein neueres iPhone mit Seitentaste verfügen: Wie schnell muss das doppelte oder dreifache Drücken der Seitentaste erfolgen, um als Doppel- bzw. Dreifachtipp erkannt zu werden? Hier passen Sie die Geschwindigkeit an Ihre Bedürfnisse an. Bei einem älteren iPhone lautet die entsprechende Einstellung *Home-Taste*.
Apple TV Remote	Wenn Sie Ihr iPhone als Apple-TV-Fernsteuerung verwenden, können Sie dies entweder durch Tasten oder durch Streichgesten tun. Dies bestimmen Sie hier.

Bedienungshilfe	Funktion
Tastaturen	Unter diesem Eintrag können Sie die iPhone-Steuerung mit einer externen Tastatur aktivieren, aber auch Einstellungen zu Tastenwiederholung, Einfingerbedienung und Tastenverzögerung vornehmen.
Hörhilfen	Wenn Sie über ein Hörgerät mit entsprechender Funktion verfügen, lässt sich dieses unter *Hörhilfen* mit dem iPhone verbinden. Unterstützt werden mit »Made for iPhone« gekennzeichnete Hörgeräte und Klangprozessoren.
Geräusch- erkennung	Dank Geräuscherkennung können Sie es dem iPhone erlauben, ständig auf Geräusche zu hören und Sie im Fall von Geräuschen, die Gefahr bedeuten könnten (z. B. Autohupe, laufendes Wasser usw.), zu warnen.
Audio/Visuell	Schalten Sie unter diesem Eintrag zwischen Stereoklang und *Mono-Audio* um, aktivieren Sie die Kopfhörer-Anpassungen für unterstützte Kopfhörer, verwenden Sie die *Geräuschunterdrückung* oder die Lautstärke-*Balance*. Darüber hinaus können Sie mit der Option *LED-Blitz bei Hinweisen* Hinweistöne und Vibrationen beim Eingehen neuer E-Mails und Co. durch den eingebauten LED-Blitz visualisieren lassen. 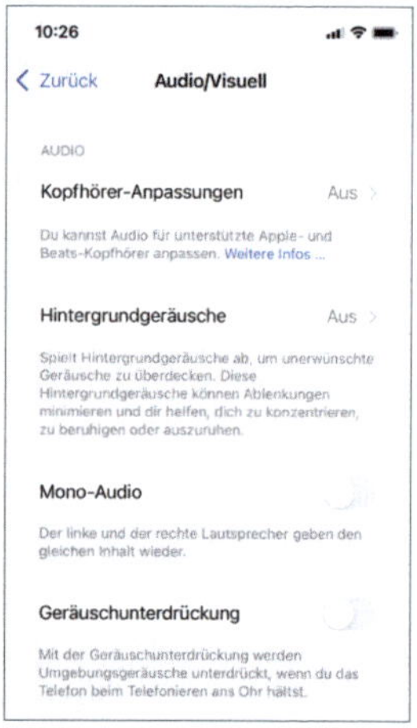
Untertitel & erweiterte UT	Diese Möglichkeit dient dem Einblenden von Untertiteln bei der Videowiedergabe.

Bedienungshilfe	Funktion
Geführter Zugriff	Verwenden Sie den geführten Zugriff, um das Aktivieren nicht gewünschter Funktionen von vornherein auszuschließen oder bei bestimmten Funktionen eine »Kindersicherung« für andere Nutzer einzubauen. Wenn der geführte Zugriff aktiviert ist, öffnen Sie eine beliebige App und drücken dreimal schnell hintereinander die Seitentaste bzw. bei älteren iPhone-Modellen die Home-Taste, um dann einzelne Funktionen der App durch Einkreisen zu deaktivieren. Unter der *Optionen*-Schaltfläche links unten lassen sich außerdem allgemeine Bedienfunktionen deaktivieren.
Siri	Siri wird normalerweise durch Spracheingaben gesteuert. Sie können die Siri-Befehle jedoch alternativ auch eintippen, indem Sie in den Bedienungshilfen die Option *Siri-Anfragen tippen* aktivieren.
Kurzbefehl	Hier entscheiden Sie, welche Bedienungshilfe Sie durch dreimaliges Drücken der Seitentaste bzw. bei älteren iPhone-Modellen der Home-Taste schnell hintereinander aufrufen möchten. Wenn Sie nur eine Bedienungshilfe auswählen, wird diese direkt aktiviert, bei mehreren ausgewählten Bedienungshilfen erhalten Sie beim Dreifachklick ein entsprechendes Auswahlmenü.
App-spezifische Einstellungen	Sie können unter iOS 15 verschiedene Bedienungshilfen, etwa das Verwenden von fettem Text, für einzelne Apps konfigurieren, und zwar unter diesem Eintrag.  Fügen Sie die App hinzu und wählen Sie anschließend die Bedienungshilfen aus, die für diese App angewendet werden sollen.

Kontextmenüs aufrufen

Wenn Sie eine App auf dem Home-Bildschirm oder in der App-Mediathek antippen, wird sie geöffnet. Halten Sie die App hingegen gedrückt, wird Ihnen ein Kontextmenü angezeigt, das zugehörige Optionen bietet. Welche Optionen das sind, richtet sich nach der jeweiligen App.

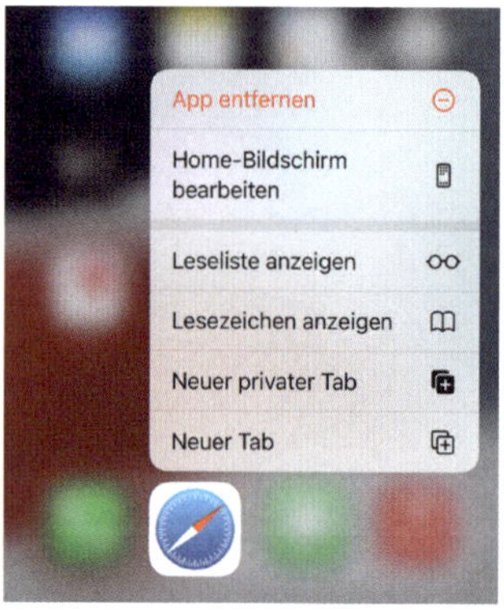

Halten Sie eine App gedrückt, um das zugehörige Kontextmenü zu öffnen

Nervende Tastaturfunktionen abschalten

Die meisten Tastaturfunktionen auf Ihrem iPhone sind sehr praktisch, manche könnten Sie jedoch auch als nervig empfinden. Wie Sie potenziell nervige Funktionen mit wenigen Handgriffen deaktivieren, lesen Sie im Folgenden.

Keine Vorschläge gewünscht?

Vielleicht fühlen Sie sich durch die Wortvorschläge während des Eintippens von Text eher gestört und möchten diese Funktion lieber abschalten? Möchten Sie die Vorschläge oberhalb der Tastatur ausblenden, gehen Sie in die *Einstellungen*, wählen *Allgemein* und dann *Tastatur*, um schließlich den Schalter *Vorschläge* zu deaktivieren.

Intelligente Interpunktion verwenden – oder eher nicht?

Auch die intelligente Interpunktion gibt nicht nur Anlass zur Freude. Die Funktion dient dazu, eingegebene Satzzeichen automatisch dem jeweiligen Text anzupassen. Manchmal erfolgen jedoch nicht gewünschte Korrekturen, so wird etwa aus zwei Bindestrichen einfach ein langer Strich gemacht. Das Deaktivieren der Option *Intelligente Interpunktion* erfolgt ebenfalls in den *Einstellungen* unter *Allgemein* und dort unter *Tastatur*.

Tastatur nur mit Großbuchstaben?

Wie Sie sicherlich bereits festgestellt haben, zeigt Ihnen die iPhone-Tastatur jeweils an, ob Sie gerade einen Klein- oder einen Großbuchstaben eintippen. Sie erkennen dies zwar auch am Erscheinungsbild der ⇧-Taste, doch so ist es wirklich eindeutig. Wenn Sie aber eine Tastatur bevorzugen, auf der nur die Großbuchstaben zu sehen sind, tippen Sie in den *Einstellungen* unter *Allgemein* auf *Tastatur* und deaktivieren den Schalter *Zeichenvorschau.*

Schneller umschalten

Apropos ⇧-Taste: Wenn Sie auf der iPhone-Tastatur von Klein- auf Großschreibung umschalten möchten, können Sie einfach die ⇧-Taste antippen und gedrückt halten und dann mit dem Finger zum gewünschten Buchstaben ziehen. Und falls Sie beim Eintippen eines Textes mal auf dem falschen Buchstaben landen sollten, brauchen Sie den Finger lediglich auf den gewünschten anderen Buchstaben zu ziehen – das iPhone setzt nur den Buchstaben, den Sie zuletzt loslassen. Dank der QuickPath-Funktion können Sie auch ganze Wörter »streichen« statt zu tippen, indem Sie ohne Pause zu den Buchstaben der Wörter ziehen.

Wenn Sie sich von der Auto-Korrektur genervt fühlen

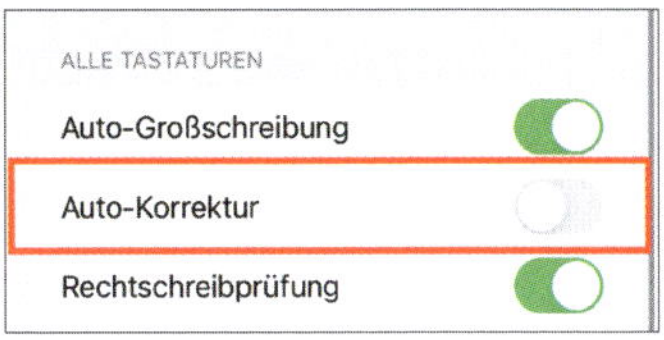

Die Auto-Korrektur kann ziemlich nerven, viele Nutzer möchten sie deshalb lieber abschalten

Als sehr nervig wird von vielen iPhone-Nutzern die Auto-Korrektur empfunden. Wenn Sie einen Text schreiben und das iPhone ein Wort nicht erkennt, wird dieses durch ein anderes Wort ausgetauscht – ob Sie das wollen oder nicht. Erst wenn Sie das Wort korrigieren, wird es nicht mehr automatisch ersetzt. Die Auto-Korrektur lernt zwar dazu, aber bis es so weit ist, kann sie viele Nerven kosten. Falls Sie die Funktion lieber abschalten möchten, öffnen Sie die *Ein-*

stellungen und wählen *Allgemein*. Unter *Tastatur* deaktivieren Sie den Schalter *Auto-Korrektur*.

Vorsicht! Das iPhone merkt sich auch Fehler

Auch das sollten Sie wissen: Wenn Sie ein Wort öfter falsch eintippen, kann es passieren, dass Ihnen das iPhone später immer das falsch geschriebene Wort unterjubeln möchte.

Um das gemerkte »Wörterbuch« zurückzusetzen, wählen Sie in den *Einstellungen* den Eintrag *Allgemein* und dann ganz unten *iPhone übertragen/zurücksetzen*. Entscheiden Sie sich anschließend unter *Zurücksetzen* für *Tastaturwörterbuch*.

Wesentlich dezenter als die Auto-Korrektur ist die Funktion *Rechtschreibprüfung*, die Sie aktiviert lassen sollten. Bei dieser Funktion werden Wörter, die das iPhone nicht erkennt, lediglich rot unterstrichen dargestellt. Tippen Sie ein auf diese Weise markiertes Wort an, um im sich öffnenden Menü einen Wortvorschlag auswählen zu können.

Zum Widerrufen schütteln

Haben Sie sich vertippt und möchten lediglich die letzte Eingabe rückgängig machen? Dazu schütteln Sie Ihr iPhone (halten Sie es dabei fest in der Hand!) und wählen anschließend die Option *Widerrufen*.

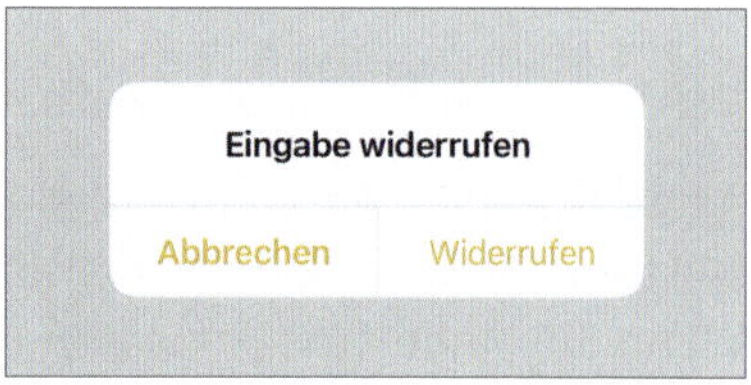

iPhone, schüttel dich! – Zumindest dann, wenn Sie eine Eingabe widerrufen bzw. wiederholen möchten

Durch erneutes Schütteln lässt sich das Eingeben wiederholen. Damit das funktioniert, muss in den *Einstellungen* unter *Bedienungshilfen* und dort unter *Tippen* der Schalter *Zum Widerrufen schütteln* aktiviert sein.

Die iPhone-Tastatur anpassen

Wollen Sie auf Ihrem iPhone Texte in mehreren Sprachen verfassen oder möchten Sie eine ganz andere iPhone-Tastatur verwenden? Wie Sie die iPhone-Tastatur entsprechend anpassen, lesen Sie auf den nächsten Seiten.

Größere Tastatur gewünscht?

Falls Ihnen die iPhone-Tastatur zum Eintippen der Zeichen nicht groß genug sein sollte, drehen Sie das iPhone ins Querformat. Die Tastatur wird im Querformat etwas größer dargestellt.

Emojis verwenden

Standardmäßig stehen Ihnen auf dem iPhone zunächst zwei Tastaturen zur Verfügung: eine Tastatur in der Sprache, die Sie beim Einrichten des iPhones ausgewählt haben, sowie eine Emoji-Tastatur, auf der Sie die verschiedensten Icons auswählen können.

Sind lediglich diese beiden Tastaturen vorhanden, tippen Sie, um die Emoji-Tastatur aufzurufen, auf das Symbol 😀 und wählen dann eines oder mehrere Icons aus, die Sie einfügen möchten. Mit der Taste *ABC* gelangen Sie zurück zur normalen Tastaturebene.

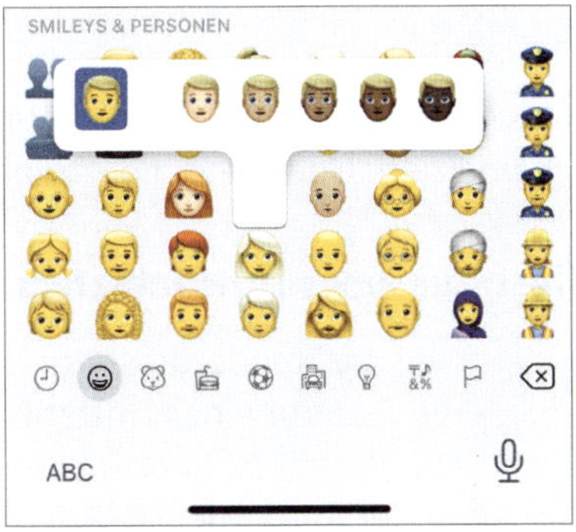

Ihr iPhone ist politisch korrekt – sogar auf der Ebene der Emojis

Icons, die Personen zeigen, gibt es auf dem iPhone übrigens in verschiedenen Hautfarben. Tippen Sie auf ein Personen-Icon, um die entsprechende Auswahl zu erhalten.

Statt die Emojis durchzuscrollen, können Sie das Suchfeld oberhalb der Emojis verwenden, um ein für Ihre Zwecke passendes Emoji aufzuspüren.

Tastaturen hinzufügen

Zum Eintippen von Texten in fremden Sprachen – etwa Thailändisch – fügen Sie weitere Tastaturen hinzu. Gehen Sie dazu folgendermaßen vor:

1 Öffnen Sie die *Einstellungen* und wählen Sie den Eintrag *Allgemein*.

2 Entscheiden Sie sich für *Tastatur*.

3 Tippen Sie nun auf *Tastaturen*, um eine Übersicht über die verfügbaren Tastaturen zu erhalten.

4 Tippen Sie jetzt auf *Neue Tastatur hinzufügen*.

5 Wählen Sie die gewünschte Tastatur aus.

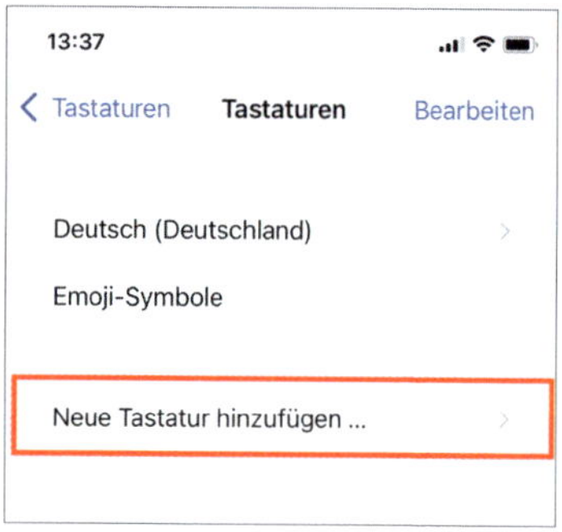

Haben Sie auf diese Weise mindestens eine weitere Tastatur hinzufügt, erscheint auf der iPhone-Tastatur das Symbol 🌐, um zwischen den Tastaturen zu wechseln. Halten Sie die Taste gedrückt, um ein Auswahlmenü zu öffnen.

Möchten Sie umgekehrt eine Tastatur löschen? Dazu tippen Sie die Tastatur an und ziehen den Finger nach links. Tippen Sie anschließend auf *Löschen*.

Tastatur eines Drittanbieters nutzen

Falls Ihnen die Standardtastatur des iPhones nicht zusagt, lässt sich diese durch die Tastatur eines Drittanbieters ersetzen. Wenn Sie im App Store nach dem Begriff *tastatur* suchen, finden Sie eine stattliche Anzahl entsprechender Apps. Hier stelle ich das Einrichten anhand der App *Gboard* von Google vor:

1 Laden Sie die Tastatur-App aus dem App Store.

2 Wählen Sie in den *Einstellungen* unter *Allgemein/Tastatur/Tastaturen* wieder die Option *Neue Tastatur hinzufügen*.

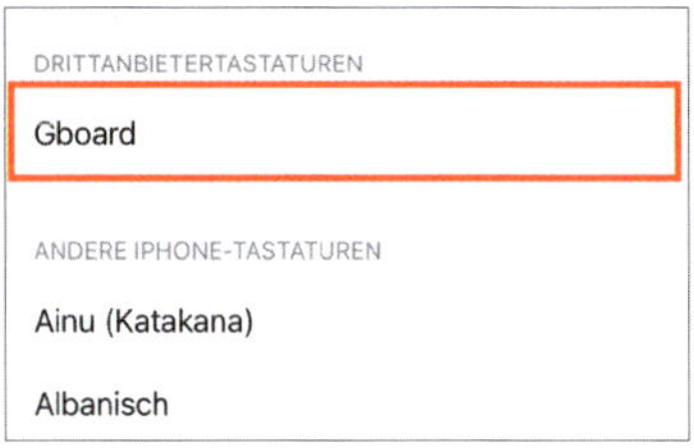

3 Entscheiden Sie sich für die heruntergeladene Drittanbieter-App.

4 Tippen Sie die hinzugefügte Tastatur gegebenenfalls anschließend an, um ihr per Schalter den vollen Zugriff zu erlauben. Achtung! Voller Zugriff bedeutet, dass der Entwickler auf sämtlichen Text zugreifen kann, den Sie eingeben, also auch auf Passwörter, Kreditkartendaten usw. Schon kann die Drittanbieter-Tastatur für die Texteingabe verwendet werden.

Nützliche Tastaturfunktionen, die Sie kennen sollten

Auf den nächsten Seiten möchte ich Ihnen noch einige weitere nützliche Tastaturfunktionen in einem kurzen Überblick vorstellen. Picken Sie sich einfach heraus, welche Sie auf dem iPhone verwenden möchten!

Einhandtastatur aktivieren

Die Einhandtastatur kann Ihnen das Eintippen mit dem Daumen erleichtern. Zum Aktivieren der Einhandtastatur halten Sie auf der Tastatur das Symbol 😃 bzw. 🌐 gedrückt.

Mithilfe der eingeblendeten Symbole lässt sich die Natur nun auf die linke bzw. rechte Seite verlagern, je nachdem, ob die Texteingabe mit der linken oder mit der rechten Hand erfolgen soll.

Mithilfe von Symbolen lässt sich die Tastatur auf die linke oder die rechte Display-Seite verlagern, um das komfortable Tippen mit einem Finger zu ermöglichen

Buchstabenvarianten aufrufen

Auf der iPhone-Tastatur werden nicht sämtliche verfügbaren Buchstabenvarianten eingeblendet. Um Varianten eines Buchstabens aufzurufen, halten Sie die entsprechende Buchstabentaste gedrückt. Halten Sie also beispielsweise die Taste *s* gedrückt, um ein *ß* auswählen zu können, oder halten Sie das *e* gedrückt, wenn Sie *é* eingeben möchten.

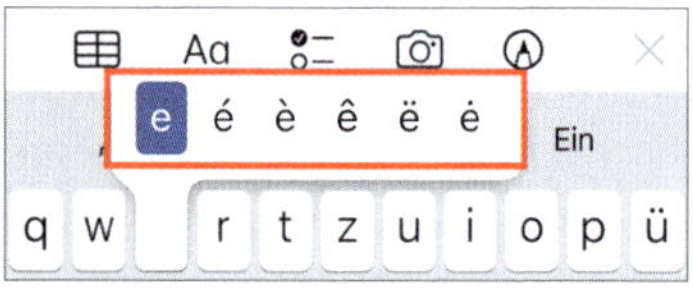

Bei einigen Buchstaben lassen sich verschiedene Varianten einblenden – ganz einfach durch das Gedrückthalten der Taste

Leichter zwischen Groß- und Kleinschreibung wechseln

Sie vermissen auf der iPhone-Tastatur eine Feststelltaste, um mehrere Großbuchstaben hintereinander einzugeben? Doppeltippen Sie zum Feststellen einfach auf die ⇧-Taste. Ein einfacher Tipp auf die ⇧-Taste löst die Feststellung auch wieder.

Durch Textersetzung weniger Tipparbeit

Sehr praktisch, um sich einiges an Tipparbeit zu ersparen, ist die Textersetzung, die Sie in den iPhone-Einstellungen einrichten können. Zukünftig müssen Sie nur einen Kurzbefehl eintippen – dieser wird dann automatisch durch den zugrunde liegenden Text ersetzt. Um einen neuen Kurzbefehl einzurichten, gehen Sie so vor:

1. Öffnen Sie die *Einstellungen* und entscheiden Sie sich unter *Allgemein* für den Eintrag *Tastatur.*
2. Tippen Sie auf *Textersetzung.*
3. Sie erhalten eine Übersicht bereits angelegter Kurzbefehle. Um einen neuen Kurzbefehl zu erstellen, tippen Sie rechts oben auf das Plussymbol +.

4 Geben Sie den Text sowie den Kurzbefehl ein. Als Kurzbefehl eignen sich beispielsweise die Anfangsbuchstaben der im Text vorkommenden Wörter.

5 Bestätigen Sie das Ganze mit *Sichern*.

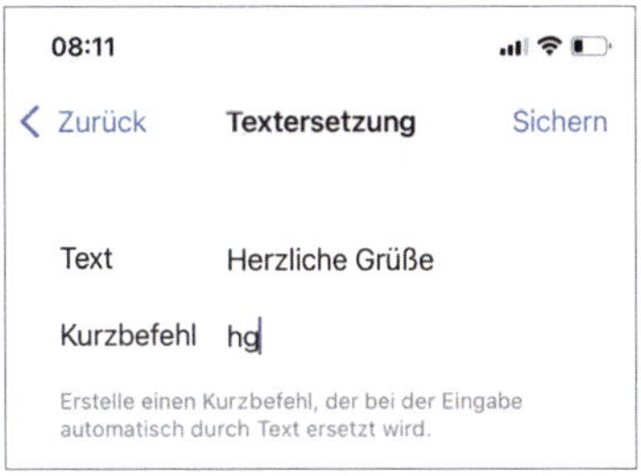

Das war es bereits. Wenn Sie nun den Kurzbefehl irgendwo eingeben und die *Leerzeichen*-Taste oder die *Return*-Taste drücken, wird der Kurzbefehl automatisch in den entsprechenden Text umgewandelt.

Punkt und Leerzeichen gleichzeitig setzen

Ein ebenfalls nützlicher Kurzbefehl, der auf dem iPhone standardmäßig aktiviert ist, nennt sich *„."-Kurzbefehl*. Doppeltippen Sie am Satzende auf die *Leerzeichen*-Taste, um gleichzeitig einen Punkt und ein nachfolgendes Leerzeichen zu setzen.

Copy-and-paste

Markieren Sie in einer App den Text, den Sie in die Zwischenablage ausschneiden oder kopieren möchten. In der App *Notizen* beispielsweise doppeltippen Sie dazu auf den Text, in der App *Safari* halten Sie den Text gedrückt. Bringen Sie dann den Auswahlrahmen in Position.

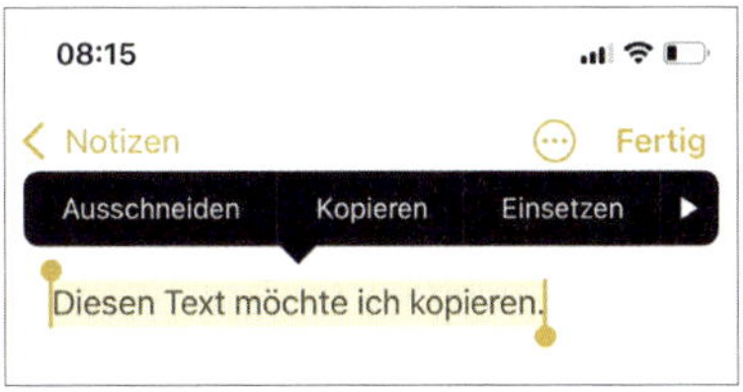

Wenn Sie in einer App Text markieren, werden Ihnen Optionen zum Ausschneiden und Kopieren angeboten. Der in die Zwischenablage kopierte Text lässt sich dann anderswo einsetzen

Wählen Sie im sich beim Markieren automatisch öffnenden Menü *Ausschneiden* bzw. *Kopieren*. Wenn Sie anschließend in einer anderen App in ein Eingabefeld tippen, wird Ihnen die Option *Einsetzen* angezeigt.

Auch das geht: Copy-and-paste von Bildern

Es lassen sich auch Bilder von Webseiten kopieren. Halten Sie das Bild dazu gedrückt. Es öffnet sich ein Menü, in dem Sie *Kopieren* wählen. Wiederum entscheiden Sie sich andernorts für die Option *Einsetzen*. Mit *Zu „Fotos" hinzufügen* können Sie ein Bild alternativ in der App *Fotos* speichern. Achten Sie beim Kopieren darauf, dass dem Bild kein Link mehr zugrunde liegt – ansonsten wird nur der Link kopiert, nicht das Bild selbst.

Drag-and-drop

Unter iOS 15 ist, wie im Einführungskapitel bereits erwähnt, das Drag-and-drop von Dateien zwischen verschiedenen Apps möglich. Es ist zwar etwas fummelig, aber durchaus praktikabel. Möchten Sie z. B. eine Bilddatei von einer Webseite in ein Notizblatt der App *Notizen* übernehmen, gehen Sie folgendermaßen vor: Halten Sie das Bild auf der Webseite gedrückt und machen Sie eine kleine Ziehbewegung, sodass das Bild in einer Miniversion dargestellt wird. Mit der anderen Hand rufen Sie den App-Umschalter (siehe Kapitel 3) bzw. den Home-Bildschirm auf und öffnen die gewünschte App, in diesem Fall die App *Notizen*. Ziehen Sie die Bilddatei in das Notizblatt und lassen Sie es erst dort los.

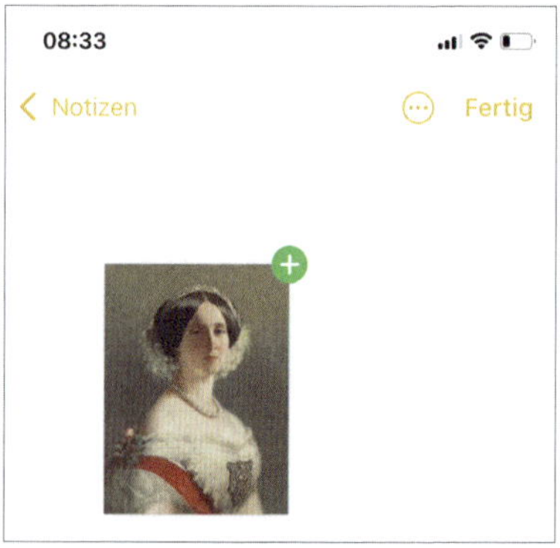

Hier wird eine Bilddatei mit dem Finger von einer Webseite in die App Notizen gezogen

Leichter und schneller tippen mit einer Bluetooth-Tastatur

Da auf dem iPhone auch diverse Office-Apps laufen – beispielsweise die Textverarbeitungs-Apps *Pages* und *Word* –, lässt sich das Gerät auch zum

Erstellen und Bearbeiten von Dokumenten einsetzen. Wenn da nur nicht die winzige Tastatur wäre. Abhilfe kann da eine Bluetooth-Tastatur schaffen, die drahtlos mit dem iPhone verbunden wird, und zwar folgendermaßen:

1 Achten Sie zunächst darauf, dass Bluetooth auf Ihrem iPhone aktiviert ist. Falls Bluetooth deaktiviert sein sollte, streichen Sie das Kontrollzentrum von der rechten oberen Ecke bzw. bei einem älteren iPhone vom unteren Displayrand auf das Display. Tippen Sie auf das Symbol, um Bluetooth zu aktivieren.

2 Nun schalten Sie Ihre Bluetooth-Tastatur ein. Bei meiner Tastatur des Herstellers GeneralKeys befindet sich der Systemschalter auf der Rückseite des Gerätes. Aktivieren Sie außerdem die Bluetooth-Verbindung; bei meiner Tastatur muss ich hierzu mit einer aufgebogenen Büroklammer in ein kleines Loch rechts hinten an der Tastatur drücken.

3 Ihr iPhone erkennt, dass ein Bluetooth-Gerät in der Umgebung zur Verfügung steht. Tippen Sie das erkannte Gerät in den *Einstellungen* unter *Bluetooth* an.

4 Nun muss das Herstellen der Verbindung noch bestätigt werden, in diesem Fall durch einen vierstelligen Code, der auf der Tastatur eingetippt und per *Return*-Taste bestätigt wird. Anschließend steht die Verbindung, und Sie können Ihre Texte mit der Bluetooth-Tastatur eintippen.

Auf diese Weise lassen sich außer Bluetooth-Tastaturen noch weitere Geräte wie Bluetooth-Headsets, Bluetooth-Stereoanlagen oder Bluetooth-Freisprecheinrichtungen mit dem iPhone verbinden. Allerdings ist Bluetooth nur für einen relativ geringen Geräteabstand von ca. 10 m geeignet – und da sollte dann auch keine Mauer dazwischen sein.

Das Kontrollzentrum einrichten

Das Kontrollzentrum, das Sie von der rechten oberen Ecke bzw. bei einem älteren iPhone vom unteren Displayrand auf das iPhone-Display ziehen, ist in mehrere Funktionsbereiche eingeteilt, die teilweise erweitert werden können. Zum Erweitern eines Funktionsbereichs halten Sie diesen im Kontrollzentrum einfach gedrückt, beispielsweise den Datenbereich links oben im Kontrollzentrum. Schon erhalten Sie in einem größeren Fenster weitere Optionen.

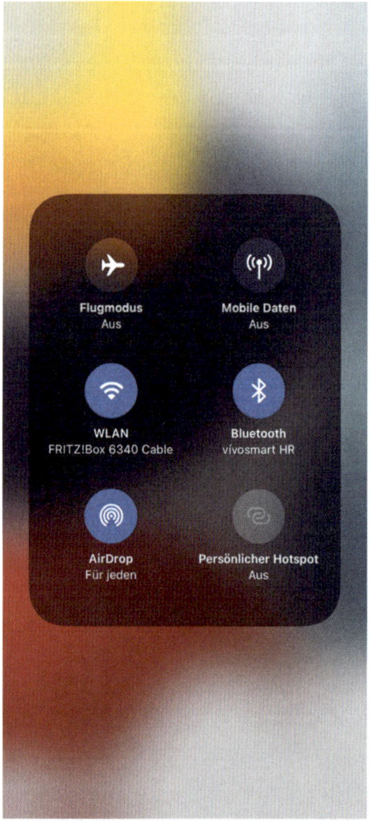

Hier wird der Datenbereich im Kontrollzentrum erweitert, um mehr Optionen zu bekommen

Besonders interessant ist auch das Hinzufügen von Steuerelementen. Praktisch ist es doch, z. B. im Kontrollzentrum bei Bedarf rasch auf den Timer zugreifen zu können. Um mehr Steuerelemente hinzuzufügen oder nicht benötigte Steuerelemente zu entfernen, gehen Sie folgendermaßen vor:

1 Öffnen Sie die *Einstellungen* und wählen Sie den Eintrag *Kontrollzentrum*.

2 Nun tippen Sie einfach auf das Symbol ⊕, um ein Steuerelement hinzuzufügen, bzw. auf das Symbol ⊖, um ein vorhandenes Steuerelement zu entfernen.

3 Möchten Sie zum Schluss noch die Anordnung der hinzugefügten Steuerelemente anpassen? Tippen Sie auf das zugehörige Symbol ≡, um ein Steuerelement an eine andere Position zu ziehen.

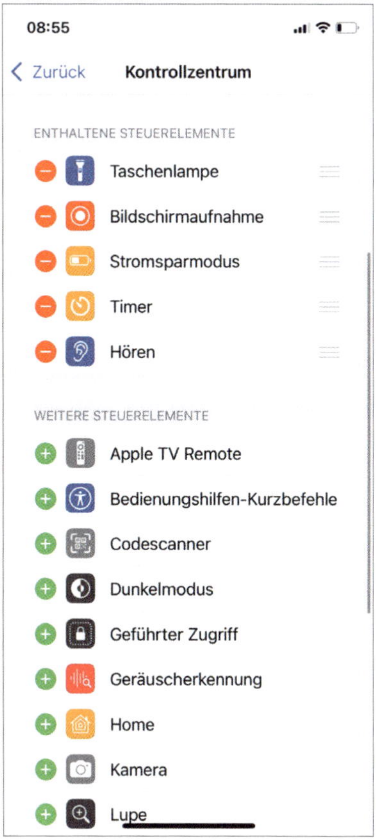

3. Mit App-Mediathek und Co. Ihre Apps stets im Griff behalten

Wenn Sie Ihr erstes iPhone in Betrieb nehmen, ist der Home-Bildschirm noch einigermaßen übersichtlich und besteht aus lediglich zwei Seiten. Aber das wird sich im Laufe der Zeit ändern, wenn Sie immer mehr Apps installieren. In diesem Kapitel erhalten Sie wichtige Tipps und Tricks, um selbst bei Hunderten auf dem iPhone installierter Apps den Überblick zu behalten.

Die App-Mediathek: Ergänzung oder Alternative zum Home-Bildschirm

Dank App-Mediathekmüssen Sie Ihre Apps nicht mehr unbedingt auf dem Home-Bildschirm platzieren. Sie blenden die App-Mediathek rechts neben dem Home-Bildschirm, also den Seiten mit den App-Symbolen, ein.

In der App-Mediathek sind die auf Ihrem iPhone befindlichen Apps (mehr oder weniger sinnvoll) automatisch sortiert, zudem können Sie Apps mithilfe des eingebauten Suchfelds durchsuchen oder per Register – es erscheint, wenn Sie die App-Mediathek nach unten streichen, – zu einer App mit einem bestimmten Anfangsbuchstaben scrollen.

Natürlich: Auch per Spotlight-Suche lässt sich nach Apps (und allem möglichen anderen) suchen. Vollführen Sie auf dem iPhone-Display eine kleine Streichbewegung von oben nach unten, um oben auf dem Display das Suchfeld einzublenden.

Alternativ streichen Sie von der ersten Seite des Home-Bildschirms zur Seite links davon. Tippen Sie den Namen der App ein. Bereits während des Eintippens werden Ihnen die passenden Treffer angezeigt. Das Öffnen einer App erfolgt durch Antippen des Treffers.

Die App-Mediathek bietet einen raschen Zugriff auf alle Apps, die auf dem iPhone installiert sind

Mit der Suchfunktion suchen Sie aber wie gesagt nicht nur nach Apps, sondern auch nach Kontakten, Songs, E-Mails und weiteren Inhalten. Sogar zusätzliche Vorschläge aus dem Internet werden unterbreitet. Bestimmen Sie selbst, wonach Sie suchen möchten, und zwar in den *Einstellungen* unter *Siri & Suchen*.

Mit Spotlight lassen sich nun sogar Texte in Fotos durchsuchen

Wie ich bereits im Einführungskapitel erwähnt habe, ist die Spotlight-Suche unter iOS 15 noch einmal leistungsstärker geworden.

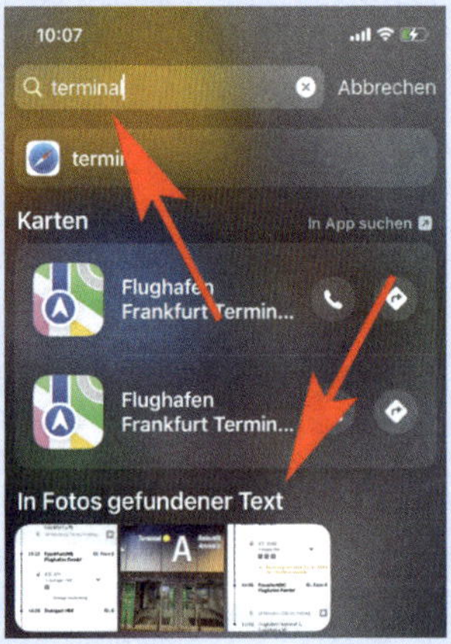

So werden jetzt unter anderem auch Texte in Fotos erkannt und können mit der Spotlight-Suche durchsucht werden.

Die Abbildung zeigt als Beispiel, wie ich nach dem Begriff »terminal« suche und mir drei Bilder angezeigt werden, in denen der Begriff vorkommt.

Apps in die App-Mediathek bewegen

Zurück zum Thema App-Mediathek. Zwar lässt sich auch in der App-Mediathek nach Apps suchen. Viel wichtiger ist jedoch, dass die Apps in der App-Mediathek tatsächlich gespeichert werden – und dadurch nicht mehr zwingend auf dem Home-Bildschirm gespeichert werden müssen.

Viele Apps, die Sie auf Ihrem iPhone installiert haben, werden Sie nur selten nutzen. Solche selten genutzten Apps können Sie entweder, wie ich es Ihnen gleich noch zeigen werde, in App-Ordnern ablegen. Oder Sie können sie auch komplett vom Home-Bildschirm löschen und nur in der App-Mediathek speichern.

Um eine App vom Home-Bildschirm zu entfernen, aber nicht komplett zu löschen, sondern in der App-Mediathek verfügbar zu machen, gehen Sie folgendermaßen vor:

1 Tippen Sie auf dem Home-Bildschirm auf die entsprechende App und halten Sie diese gedrückt.

2 Es wird ein Kontextmenü angezeigt. Entscheiden Sie sich für die Option *App entfernen*.

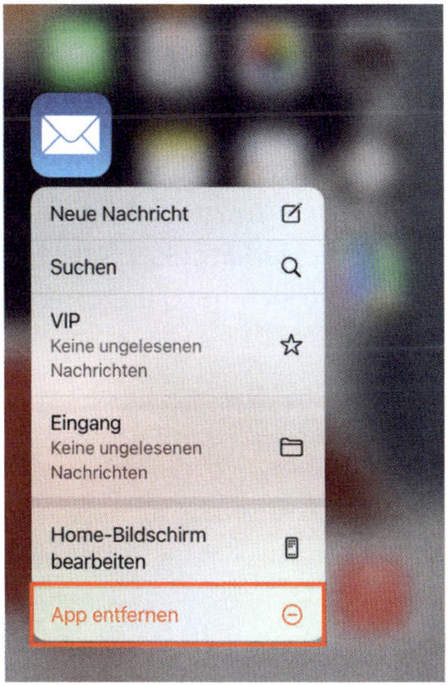

3 Nun wird Ihnen ein weiteres Menü angezeigt, in dem Sie sich für die Option *In App-Mediathek bewegen* entscheiden (bei Standard-Apps, die nicht gelöscht werden können, lautet die Option *Vom Home-Bildschirm entfernen*). Wollen Sie die App hingegen komplett vom iPhone entfernen, wählen Sie *App löschen*.

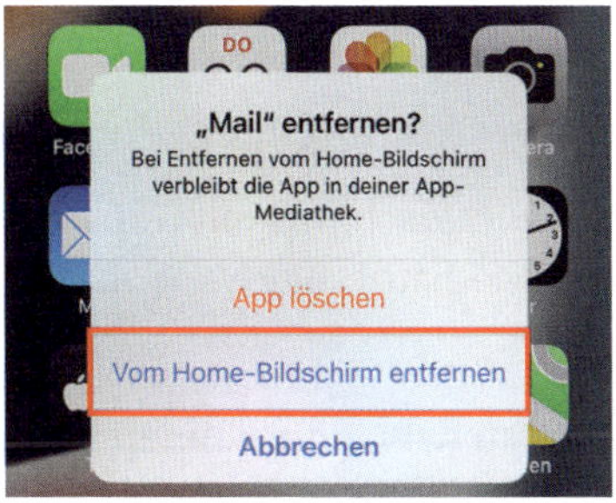

Und wie löschen Sie dann eine App, die nur noch in der App-Mediathek gespeichert ist? Tippen Sie diese in der App-Mediathek an und halten Sie sie gedrückt. Wählen Sie dann im Kontextmenü *App löschen*.

Apps wieder auf dem Home-Bildschirm verfügbar machen

Natürlich können Sie auch eine App, die nur in der App-Mediathek zur Verfügung steht, wieder auf dem Home-Bildschirm zur Verfügung machen. Auch dazu tippen Sie die App in der App-Mediathek an und halten sie gedrückt. Im Kontextmenü entscheiden Sie sich für die Option *Zum Home-Bildschirm*.

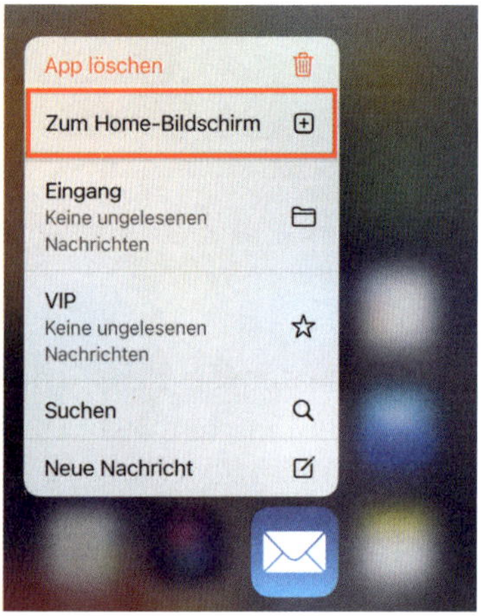

Eine App kann jederzeit wieder auf dem Home-Bildschirm verfügbar gemacht werden

Komplette Seiten des Home-Bildschirms ausblenden

Eventuell haben Sie viele Seiten des Home-Bildschirms mit Apps ausgestattet, möchten nun aber lieber die App-Mediathek verwenden, um auf die Apps zuzugreifen.

Statt einzelne Apps in die App-Mediathek zu bewegen, können Sie auch ganze Seiten des Home-Bildschirms ausblenden – die Apps auf den ausgeblendeten Seiten bleiben weiterhin in der App-Mediathek verfügbar.

So einfach funktioniert das Ausblenden einer Seite des Home-Bildschirms:

1 Halten Sie eine freie Fläche des Home-Bildschirms gedrückt, bis die Apps anfangen zu wackeln.

2 Tippen Sie nun oberhalb des Docks auf die Punkte, die die Anzahl der Seiten des Home-Bildschirms anzeigen.

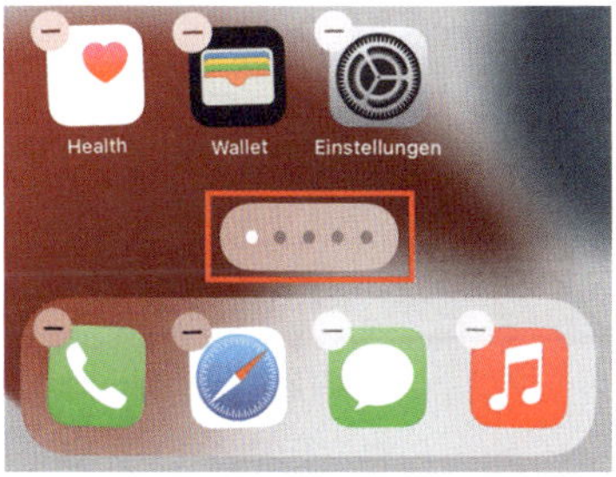

3 Sie erhalten dann eine Übersicht über die Seiten des Home-Bildschirms. Bei einer Seite, die Sie ausblenden möchten, entfernen Sie das zugehörige Häkchen.

4 Bestätigen Sie mit *Fertig*.

Sie sehen: Die App-Mediathek bietet Ihnen eine gute Möglichkeit, den Home-Bildschirm übersichtlich zu halten und auf solche Apps zu beschränken, die Sie täglich oder zumindest häufig nutzen.

Neue Apps automatisch nur in der App-Mediathek speichern

Neue Apps sollen erst mal gar nicht auf dem Home-Bildschirm auftauchen? Dann entscheiden Sie sich in den *Einstellungen* für den Eintrag *Home-Bildschirm* und setzen per Fingertipp ein Häkchen bei *Nur App-Mediathek*.

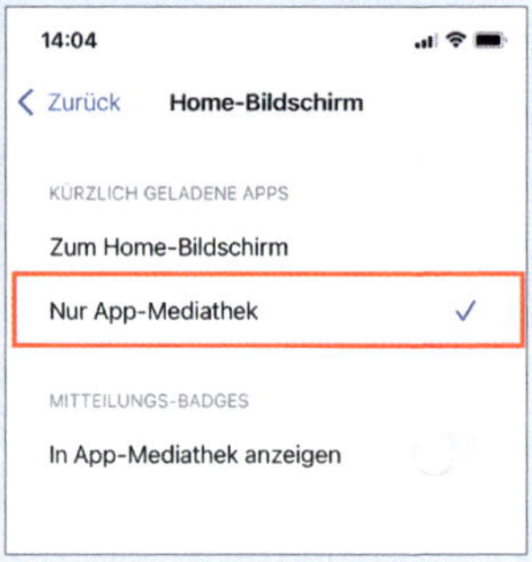

App-Ordner anlegen

Neben der App-Mediathek können Sie auch die klassischen App-Ordner auf dem Home-Bildschirm nutzen. Apps, die Sie häufig verwenden, platzieren Sie prominent auf den ersten Seiten des Home-Bildschirms. Die allerwichtigsten Apps kommen unten ins Dock, damit Sie auf allen Seiten des Home-Bildschirms darauf zugreifen können.

Weniger häufig verwendete Apps sortieren Sie in verschiedene Ordner ein, die Sie thematisch benennen. Erstellen Sie also Ordner wie *Gesundheit, Office, Medien, Unterwegs, Sprachen* usw. So wissen Sie stets, wo Sie bestimmte Apps suchen müssen. Neue Ordner sind schnell erstellt:

1 Tippen Sie auf eine freie Fläche des Home-Bildschirms und halten Sie ihn kurz gedrückt. Die Apps beginnen nun zu wackeln – dies signalisiert den Bearbeitungszustand. Im Bearbeitungszustand können Sie eine App an einen anderen Ort ziehen oder diese durch Antippen

des zugehörigen Minussymbols ⊖ löschen (bzw. in die App-Mediathek bewegen).

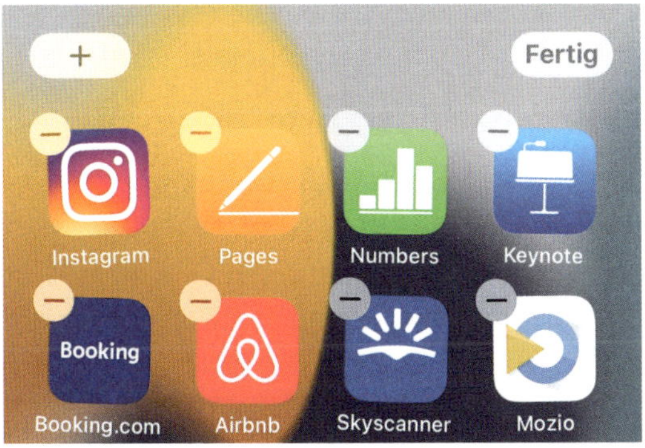

2 Um einen Ordner zu erstellen, tippen Sie auf eine App und ziehen diese auf eine thematisch ähnliche App.

3 Der Ordner wird angelegt und automatisch benannt. Um einen eigenen Ordnernamen einzugeben, löschen Sie die Vorgabe per Kreuzsymbol ⊗ und tippen den gewünschten Namen ein.

4 Um den Ordner zu verlassen, ohne den Bearbeitungszustand zu beenden, tippen Sie auf eine freie Fläche des Home-Bildschirms. Ziehen Sie anschließend weitere Apps auf den Ordner, um sie diesem hinzuzufügen.

5 Um den Bearbeitungszustand zu beenden, tippen Sie rechts oben auf dem Home-Bildschirm auf *Fertig*.

Gut zu wissen: Sowohl auf dem Home-Bildschirm als auch innerhalb eines Ordners lassen sich neue Seiten anlegen, indem Sie eine App über den Rand hinausziehen.

Widgets auf dem Home-Bildschirm ablegen

Widgets gibt es auf der Such-Seite links neben dem Home-Bildschirm schon länger, sie bieten dort einen schnellen Zugriff auf Informationen (z. B. die aktuelle Wetterprognose) oder Funktionen (z. B. eine Routenplanung nach Hause). Aber Widgets können auch auf dem Home-Bildschirm eingerichtet werden.

Die Widgets nehmen einiges an Platz ein. Doch wenn Sie Ihre Apps, wie zuvor kennengelernt, mithilfe von App-Mediathek und App-Ordnern clever verwalten, sollte das eine oder andere Widget auf dem Home-Bildschirm kein Problem darstellen.

Gern zeige ich Ihnen als Beispiel, wie Sie das Weltuhr-Widget auf dem Home-Bildschirm ablegen und es einrichten:

1 Tippen Sie auf eine freie Fläche des Home-Bildschirms und halten Sie ihn gedrückt, bis die Apps wackeln.
2 Nun tippen Sie links oben auf dem Home-Bildschirm auf das Plussymbol.

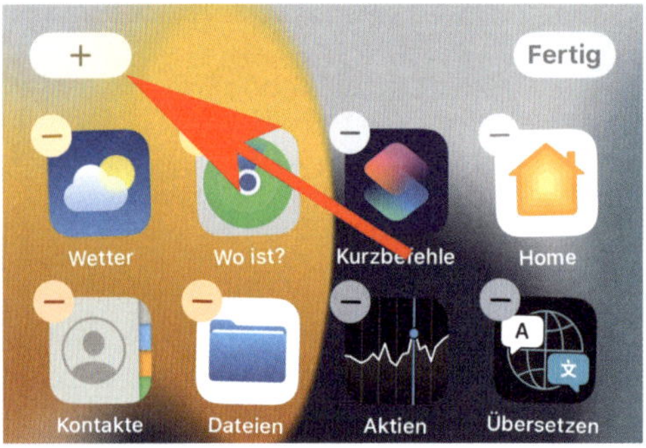

3 Wählen Sie jetzt das gewünschte Widget aus, in diesem Fall entscheiden Sie sich für den Eintrag *Uhr*. Sie können auch das eingebaute Suchfeld verwenden, um nach bestimmten Widgets zu suchen.

4 Legen Sie im nächsten Schritt durch seitliches Streichen die Widget-Größe fest.

5 Bestätigen Sie mit der Schaltfläche *Widget hinzufügen*.

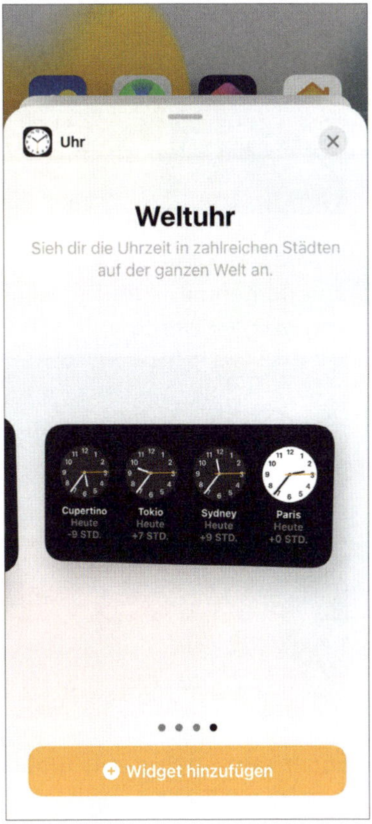

6 Das Widget wird jetzt auf dem Home-Bildschirm dargestellt und kann nun noch durch Ziehen mit dem Finger in eine andere Position gezogen werden.

7 Um das Widget zu bearbeiten, tippen Sie es im Bearbeitungszustand an und nehmen Ihre Einstellungen vor, hier etwa das Anpassen der angezeigten Uhren.

8 Fügen Sie gegebenenfalls noch weitere Widgets hinzu oder bestätigen Sie mit *Fertig*.

Achtung! Durch die Widgets werden Ihre Apps verschoben. Um das zu vermeiden, können Sie neue Widgets zunächst auf einer leeren Seite des Home-Bildschirms erstellen und erst danach in eine andere Position ziehen.

Neben den einfachen Widgets, also Widgets, die nur Informationen einer einzigen App anzeigen, lässt sich in Schritt 3 auch ein *Smart-Stapel* auswählen.

Der Smart-Stapel umfasst mehrere Widgets, die sich durch senkrechtes Streichen durchscrollen lassen.

Wünschen Sie sich noch mehr Widget-Funktionen? Dann können Sie Apps von Drittanbietern einsetzen, z. B. Widgetsmith. Schauen Sie sich diesbezüglich einfach mal im App Store um.

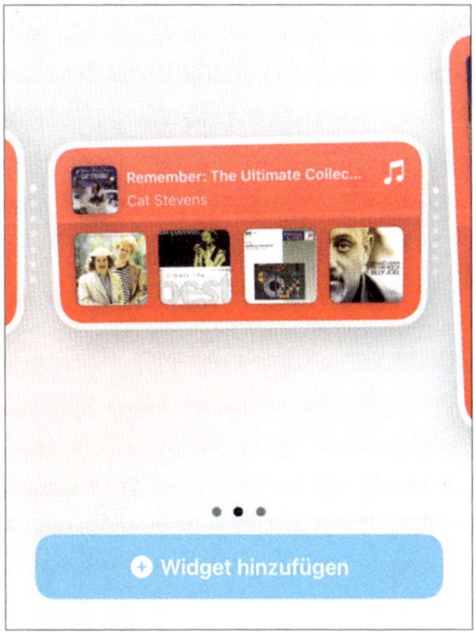

Mehrere Widgets in einem: dank Smart-Stapel kein Problem

Stets im Fokus: iPhone-Speicher, Batterienutzung und Datenvolumen

Der iPhone-Speicher ist buchstäblich kostbar, denn der Preis eines iPhones steigt mit der Speichergröße. Verhindern Sie deshalb, dass der iPhone-Speicher durch Speicherfresser belegt wird!

Um in Erfahrung zu bringen, welche Apps am meisten Speicher belegen (inklusive der in den Apps gespeicherten Inhalte), öffnen Sie die *Einstellungen*. Wählen Sie *Allgemein* und dann *iPhone-Speicher*. Der verbrauchte und noch zur Verfügung stehende Speicherplatz wird Ihnen nun grafisch angezeigt.

Unterhalb der grafischen Darstellung erhalten Sie Empfehlungen, wie Sie lokalen Speicher auf dem iPhone sparen können, indem Sie Elemente ins Internet auslagern.

Noch weiter unten unter *iPhone-Speicher* sehen Sie eine Übersicht über die einzelnen installierten Apps, sortiert nach deren Speicherbedarf – beginnend mit dem höchsten. Speicherintensive Apps, die Sie nicht unbedingt brauchen, können Sie direkt in der Liste antippen und löschen bzw. auslagern.

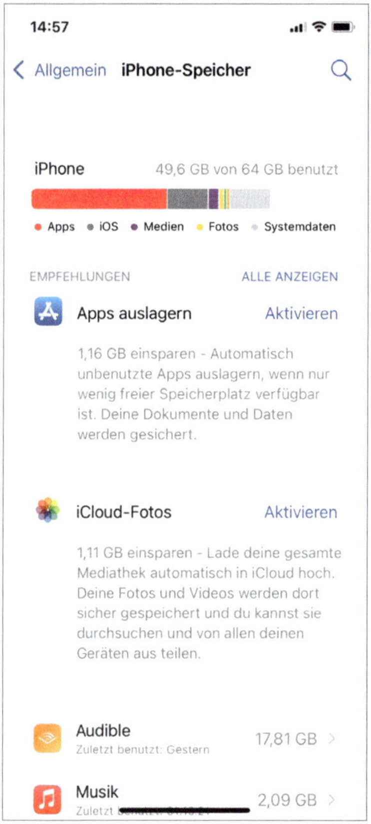

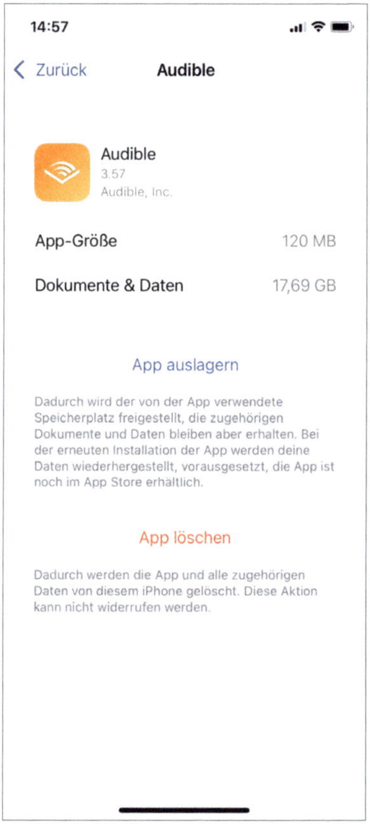

Die Apps werden nach Speicherbedarf sortiert; sparen Sie Speicherplatz, indem Sie unbenutzte Apps auslagern

> **Hakelige Apps in den Einstellungen löschen**
>
> Es kommt nicht oft vor, dass sich eine App nicht auf herkömmliche Weise auf dem Home-Bildschirm löschen lässt. Wenn doch, klappt das Löschen in der Regel unter *iPhone-Speicher*. Tippen Sie eine App dort an und wählen Sie anschließend *App löschen*, um das Problem zu lösen.

Wenn Sie wissen möchten, wie viele Apps Sie insgesamt installiert haben, wie viele Fotos und Videos Sie gespeichert haben oder wenn Sie wichtige iPhone-Nummern wie die Seriennummer, IMEI und Co. in Erfahrung bringen möchten: Diese Informationen finden Sie in den *Einstellungen* unter *Allgemein* und dort unter *Info*. Nebenbei erhalten Sie hier auch die Möglichkeit, den iPhone-Namen zu ändern.

Den iPhone-Akku fest im Griff

Ein ebenfalls sehr wichtiges Element Ihres iPhones ist der Akku. Sie möchten, dass dieser mit einer Ladung möglichst lange durchhält. Besonders die Internetnutzung, das Betrachten von Videos sowie das Telefonieren saugen am Akku.

Welche Apps in den letzten 24 Stunden oder in den letzten Tagen am meisten Strom verbraucht haben, erfahren Sie in den iPhone-Einstellungen unter *Batterie*. Außer der Batterienutzung pro App sehen Sie hier auch, wie lange Sie das iPhone in den letzten 24 Stunden oder zehn Tagen verwendet haben.

Bei einer Batterieladung unter 20 % wird Ihnen vom iPhone automatisch das Aktivieren des Stromsparmodus angeboten, der bestimmte Funktionen reduziert bzw. deaktiviert, namentlich das automatische Abrufen von E-Mails, die Hintergrundaktualisierung von Apps, automatische Downloads und visuelle Effekte. Der Stromsparmodus lässt sich in den *Einstellungen* unter *Batterie* auch manuell aktivieren.

Sie erkennen den aktivierten Stromsparmodus am gelben Batteriesymbol rechts oben auf dem Display. Übrigens lässt sich die Stromsparfunktion auch per Steuerelement im Kontrollzentrum aufrufen.

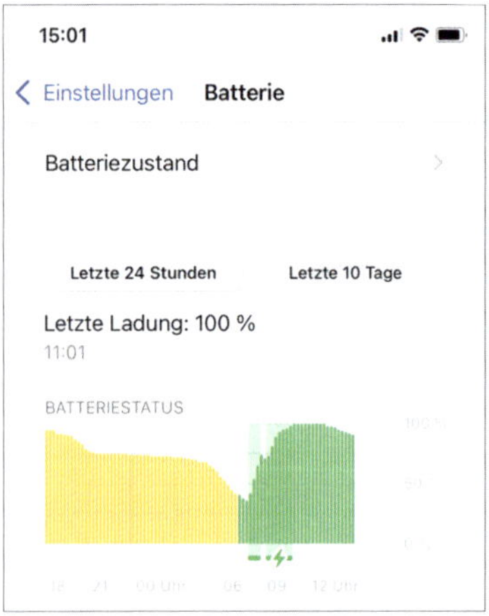

Der iPhone-Akku hält lange durch, aber es gibt Optimierungsoptionen

Ein interessantes Feature zur Schonung des iPhone-Akkus ist die Option *Optimiertes Laden d. Batterie*, die Sie in den Batterie-Einstellungen unter *Batteriezustand* finden. Ist diese Option aktiviert, merkt sich das iPhone, wie Sie es normalerweise aufladen, und passt die Ladeaktivität entsprechend an.

Apps beenden, die im Hintergrund laufen

Einige Apps laufen im Hintergrund auch dann weiter, wenn Sie eine andere App öffnen. Dies ist beispielsweise bei Musik-Apps oder Navigations-Apps der Fall. Um eine im Hintergrund laufende App zu beenden, verwenden Sie den App-Umschalter:

1 Streichen Sie mit dem Finger vom unteren Bildschirmrand nach oben und halten dann in der Bewegung inne, um den App-Umschalter einzublenden. Bei einem iPhone mit Home-Taste drücken Sie zweimal schnell hintereinander die Home-Taste, um den App-Umschalter aufzurufen.

2 Sie erhalten eine Übersicht über die zuletzt verwendeten Apps. Um eine App zu beenden, streichen Sie diese nach oben aus dem Display heraus. Es lassen sich übrigens auch mehrere Apps gleichzeitig herausstreichen.

Einige Apps aktualisieren außerdem Inhalte im Hintergrund. Auch das geht zulasten der Akkulaufzeit und lässt sich entweder komplett oder für einzelne Apps abstellen. Öffnen Sie dazu die *Einstellungen* und wählen Sie unter *Allgemein* den Eintrag *Hintergrundaktualisierung*. Sie erhalten eine Übersicht über diejenigen Apps, die von der Hintergrundaktualisierung Gebrauch machen, und können diese per Schalter unterbinden.

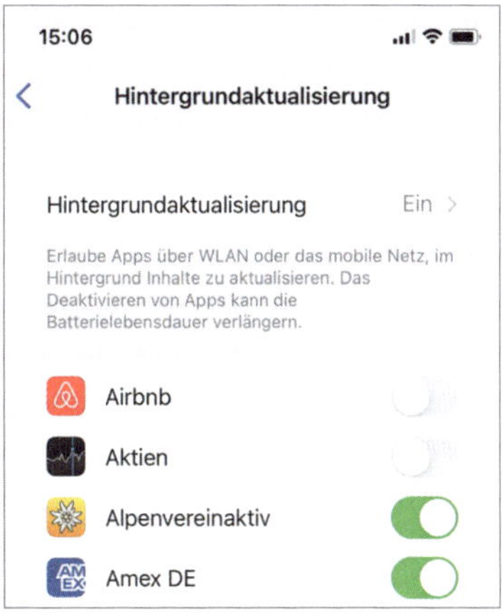

Legen Sie per Schalter fest, welche Apps die Hintergrundaktualisierung nutzen dürfen

Die Konfiguration von Hintergrundaktualisierung und Co. lässt sich auch in den *Einstellungen* zur jeweiligen App vornehmen. Öffnen Sie die *Einstellungen* und streichen Sie nach unten zu den Apps. Es bietet sich an, bei einer App direkt nach der Installation einen Blick in die zugehörigen Einstellungen zu werfen.

Mit dem Datenvolumen sparsam umgehen

Zu Hause sollten Sie mit dem iPhone grundsätzlich über ein WLAN ins Internet gehen. Zwar wurde das zuletzt bestehende Limit für den Download von Apps mit mehr als 200 MByte im Mobilfunknetz gestrichen und es wird nur noch ein Hinweis ausgegeben.

Jedoch wird bei den meisten Mobilfunktarifen die Internetgeschwindigkeit nach dem Aufbrauchen eines bestimmten Datenvolumens stark gedrosselt, sodass Sie auf größere Downloads im Mobilfunknetz besser verzichten sollten.

Gerade bei geringem Datenvolumen ist es wichtig, sich einen Überblick darüber zu verschaffen, welche Apps ständig Daten mit dem Internet austauschen.

Bei Apps, die eigentlich gar keine Internetverbindung benötigen sollten, deaktivieren Sie die mobilen Daten einfach.

Den Überblick über die mobile Datennutzung der von Ihnen installierten Apps und die Möglichkeit, den Apps per Schalter die Verwendung der mobilen Daten zu untersagen, finden Sie in den *Einstellungen* unter *Mobilfunk*. Streichen Sie dort nach unten zum Abschnitt *Mobile Daten*, um fündig zu werden.

Leider lassen sich die mobilen Daten nicht für die Systemdienste deaktivieren, die ebenfalls fleißig Daten austauschen.

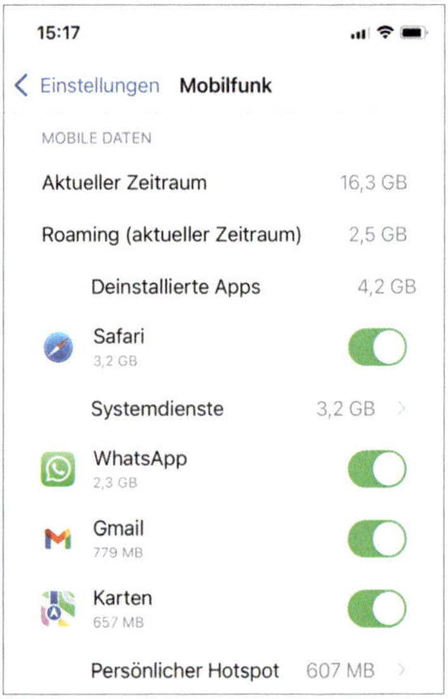

Die mobilen Daten lassen sich für einzelne Apps deaktivieren, um unterwegs Datenvolumen zu sparen

Eine Statistik erhalten Sie, wenn Sie im Abschnitt *Mobile Daten* auf *Systemdienste* tippen. Sie bekommen so zumindest Anhaltspunkte, auf welche Systemfunktionen Sie unterwegs lieber verzichten sollten.

Manchmal werden Sie bei der Nutzung einer App zur App-Bewertung aufgefordert. Solche Aufforderungen lassen sich abschalten. Dazu wählen Sie in den *Einstellungen* den Eintrag *App Store* und deaktivieren den Schalter *Bewertungen in Apps*.

Von Ihnen getätigte Käufe ausblenden

Einmal im App Store, iTunes Store und Co. getätigte Käufe sind dauerhaft mit Ihrer Apple-ID verknüpft. Sie lassen sich jedoch ausblenden. Dazu rufen Sie zunächst mal eine Übersicht über die gekauften Apps auf, und zwar so:

1 Öffnen Sie den App Store und tippen Sie rechts oben auf Ihr Profilbild.

2 Entscheiden Sie sich nun für den Eintrag *Gekauft*.

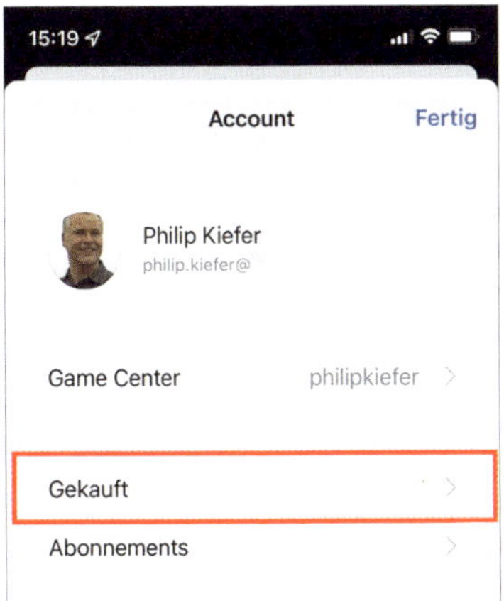

3 Tippen Sie auf eine App, die Sie ausblenden möchten, und ziehen Sie auf der App mit dem Finger von rechts nach links.

4 Wählen Sie die Schaltfläche *Ausblenden*.

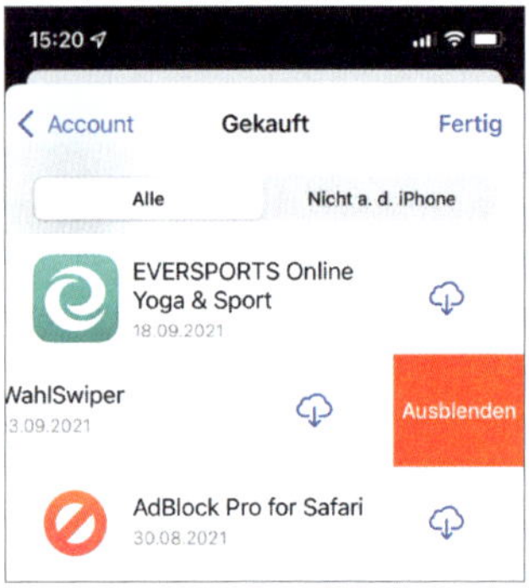

Um eine ausgeblendete App wieder einzublenden, tippen Sie im App Store wieder auf Ihr Benutzerbild und tippen anschließend Ihre Apple-ID an.

Nun entscheiden Sie sich im Abschnitt *Downloads und Käufe* für *Ausgeblendete gekaufte Artikel* und erhalten die Möglichkeit, ausgeblendete Apps erneut herunterzuladen.

Spannend für Spiele-Fans: Spiele-Abo von Apple

Für Spiele-Fans bietet Apple das Abo *Apple Arcade* an, das Sie im App Store in der Rubrik *Arcade* aufrufen. Sie können den Dienst einen Monat lang kostenlos testen, danach waren bei Redaktionsschluss 4,99 Euro pro Monat fällig. Ihre Abos verwalten Sie, indem Sie im App Store auf Ihr Profilbild tippen und dann *Abonnements* wählen.

4. Ihre persönlichen Daten rundum schützen

Immer noch gehen viele Menschen viel zu leichtsinnig mit ihren persönlichen Daten um. Die Daten werden im Internet für praktisch alle freigegeben, die sie haben möchten. Bei Facebook und Co. werden sogar persönlichste Daten veröffentlicht. Und das, obwohl längst bekannt ist, dass Geheimdienste, Firmen und Co. diese Daten fleißig sammeln.

Auch das iPhone ist nicht ganz ohne, was das Thema Datenschutz betrifft. Es gibt ein paar Funktionen, die im Hinblick auf den Datenschutz grenzwertig sind. Bei anderen Funktionen, beispielsweise iCloud, müssen Sie schlicht entscheiden, ob Sie dem Unternehmen Apple vertrauen, dass mit Ihren übers Internet versandten Daten wirklich sorgsam umgegangen wird. Lernen Sie in diesem Kapitel die für den Datenschutz relevanten Funktionen kennen und erfahren Sie, wie Sie die besten Einstellungen vornehmen.

Mit Apple anmelden

Der Dienst *Mit Apple anmelden* ermöglicht es, sich auf einfache Weise auf Webseiten und in Apps anzumelden, die den Dienst verwenden – und zwar auf Wunsch, ohne dabei Ihre E-Mail-Adresse bekanntzugeben.

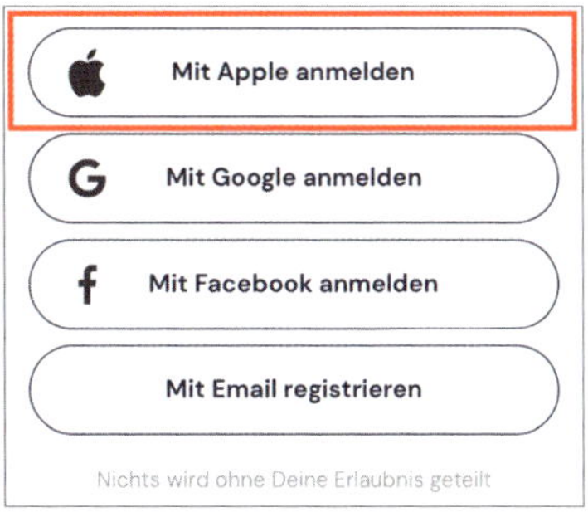

Die Funktion »Mit Apple anmelden« erscheint als gute Alternative zum schon länger bestehenden Dienst »Mit Google anmelden«

Apple generiert in diesem Fall eine zusätzliche E-Mail-Adresse für die Weiterleitung. Apple versichert in diesem Zusammenhang, Ihre Schritte nicht nachzuverfolgen und kein Profil von Ihnen zu erstellen.

Steht die Funktion in einer App oder auf einer Webseite zur Verfügung, entscheiden Sie sich für *Mit Apple anmelden*. Als Nächstes machen Sie im Assistenten Ihre Angaben. Im Zusammenhang mit dem Datenschutz empfehlenswert: Machen Sie von der Option Gebrauch, Ihre E-Mail-Adresse zu verbergen. Nur die Freigabe Ihres Namens ist Pflicht.

Sie können auch bei einem bereits bestehenden Account zu *Mit Apple anmelden* wechseln. Die Option wird Ihnen bei kompatiblen Apps in den jeweiligen Account-Einstellungen angeboten, sodass Sie den Wechsel nur noch mit ein paar Fingertipps bestätigen müssen.

E-Mail-Datenschutz und Privat-Relay

Unter iOS 15 ist eine Datenschutzfunktion für E-Mails hinzugekommen. Der E-Mail-Datenschutz ist standardmäßig bereits aktiviert und verhindert, dass bestimmte E-Mail-Aktivitäten verfolgt werden können, z.B. wird verhindert, dass ein Newsletter-Versender darüber informiert wird, wenn Sie den entsprechenden Newsletter aufrufen. Um sich zu versichern, dass der E-Mail-Datenschutz auch auf Ihrem iPhone mit iOS 15 aktiviert ist, wählen Sie in den *Einstellungen* den Eintrag *Mail* und dann *Datenschutz*.

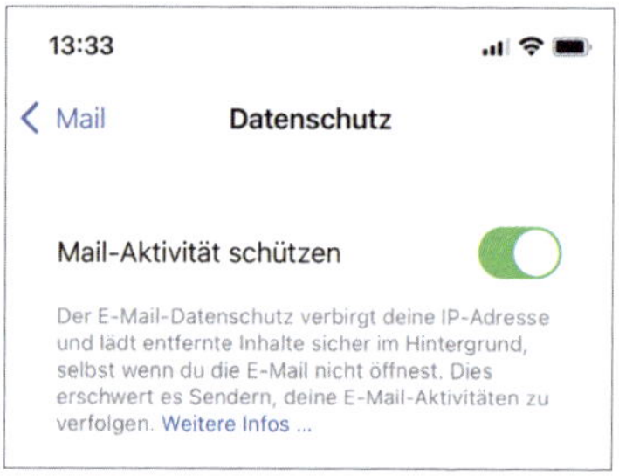

Der E-Mail-Datenschutz ist auf Ihrem iPhone mit iOS 15 standardmäßig bereits aktiviert

Neben iOS 15 wurde im Herbst 2021 auch iCloud+ eingeführt. Hierbei handelt es sich um Zusatzfunktionen für iCloud, die Ihnen aber nur dann zur Verfügung stehen, wenn Sie ein kostenpflichtiges iCloud-Abo abgeschlossen haben.

Bestandteil von iCloud+ sind zwei spannende Datenschutzfunktionen für die E-Mail-Nutzung und das Surfen im Web. Sie finden diese Funktionen in den iPhone-Einstellungen, wenn Sie dort Ihr Profil antippen und dann den Eintrag *iCloud* wählen.

- E-Mail-Adresse verbergen: Ähnlich wie bei der bereits vorgestellten Funktion *Mit Apple anmelden* lässt sich die eigene E-Mail-Adresse für die Anmeldung bei verschiedenen Diensten durch eine zufällig generierte E-Mail-Adresse ersetzen, sodass diesen Diensten Ihre persönliche E-Mail-Adresse unbekannt bleibt.

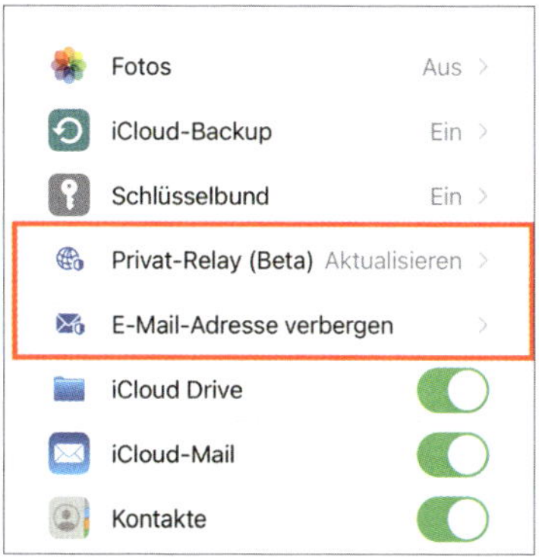

Mit dem kostenlosen iCloud+ sorgen Sie für eine gewisse Anonymität beim Anmelden und Surfen im Web

- Privat-Relay: Mit dieser Funktion können Sie verhindern, dass die Netzwerkanbieter sowie die Websites, die Sie besuchen, Ihre IP-Adresse erfahren, also die Adresse, mit der Sie jeweils im Internet surfen. Ihre tatsächliche IP-Adresse wird von Apple maskiert.

Weitere wichtige Datenschutz-Einstellungen vornehmen

Wenn eine App, die Sie auf Ihrem iPhone installieren, auf eine sensible Funktion zugreifen möchte – etwa die Ortungsdienste, Ihre Kontakte, Ihre Fotos, das Mikrofon usw., – werden Sie zuvor in einem Hinweisfenster gefragt, ob Sie das gestatten.

Seien Sie hierbei nicht zu vorschnell, sondern überlegen Sie sich genau, welcher App Sie den Zugriff erlauben möchten! Ist der App-Entwickler bekannt? Ist der Zugriff auf die Kontakte oder das Mikrofon für die Nutzung der App wirklich notwendig?

Was den Zugriff auf Ihren Standort betrifft: Sie haben die Möglichkeit, statt Ihres genauen Standorts nur einen ungefähren Standort für die App freizugeben. Im entsprechenden Hinweisfenster tippen Sie auf *Genau: Ein*, um die genaue Ortung auszuschalten.

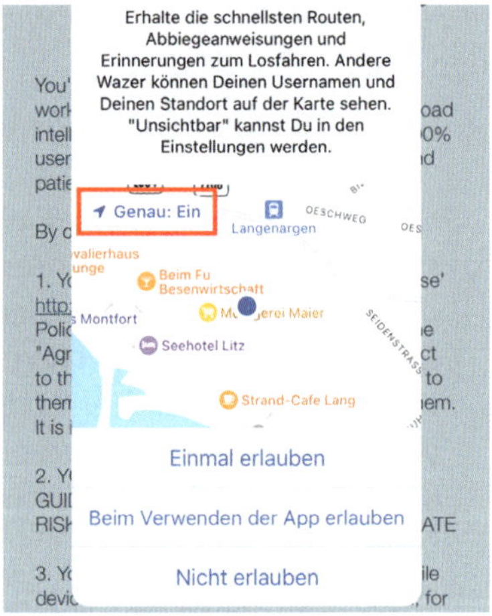

Lesen Sie sich, bevor Sie zustimmen, gut durch, auf welche Daten und Funktionen die App zugreifen möchte; die Ortungsdienste können Sie auf den ungefähren Standort beschränken

Wenn Sie einer App den Zugriff auf eine bestimmte Funktion erlauben, können Sie diese Erlaubnis später jederzeit widerrufen. Öffnen Sie dazu die *Einstellungen* und wählen Sie den Eintrag *Datenschutz*. Sie erhalten einen Überblick über die einzelnen Funktionen. Unter iOS 15 sind dies:

- Ortungsdienste (zur Ermittlung Ihres Standorts)
- Tracking (zur Erfassung Ihrer Aktivitäten in Apps und auf Websites, unbedingt deaktivieren!)

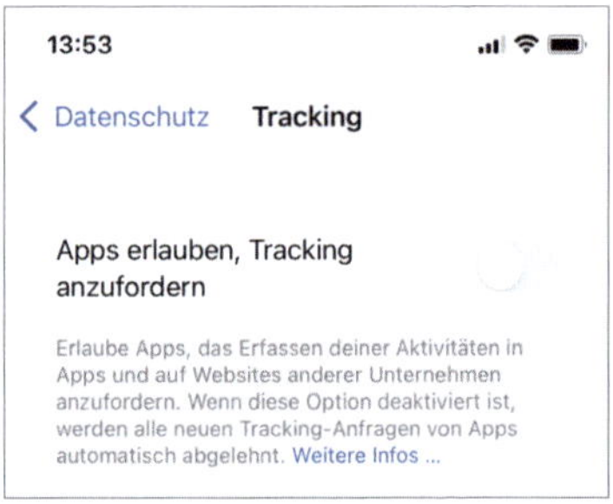

- Kontakte
- Kalender
- Erinnerungen
- Fotos
- Bluetooth (für den drahtlosen Datenaustausch)
- Lokales Netzwerk (für den Zugriff von Apps auf das lokale Netzwerk, also Ihr WLAN)
- Mikrofon
- Spracherkennung

- Kamera
- Health
- Sensor- und Nutzungsdaten (nach Angaben von Apple »vertrauliche Forschungsdaten«, also deaktiviert lassen!)
- HomeKit (für Apps zur Hausgeräte-Steuerung)
- Medien & Apple Music
- Dateien und Ordner
- Bewegung & Fitness
- Fokus

Tippen Sie eine Funktion an, um zu sehen, welche Apps darauf zugreifen. Per Schalter lässt sich eine Zugriffserlaubnis nachträglich rückgängig machen bzw. erteilen. Alternativ können Sie eine App auch einfach neu installieren, denn nach der Neuinstallation müssen die Zugriffseinstellungen für eine App neu festgelegt werden.

Versteckte Schnüffelfunktionen abstellen

Auch direkt im System sind ein paar Funktionen enthalten, die Sie aus Gründen des Datenschutzes vielleicht lieber deaktivieren möchten. In erster Linie geht es dabei um Funktionen, die dazu dienen, Ihnen möglichst maßgeschneiderte Werbung zu präsentieren. Aber auch um den Versand sensibler Daten an die Apple-Server.

Das Senden von Analysedaten unterbinden

Bei der Einrichtung des iPhones werden Sie kurz gefragt, ob Sie Analysedaten an Apple senden möchten oder nicht. Sofern Sie zugestimmt haben, empfehle ich Ihnen, diese Funktion nachträglich zu deaktivieren.

Sie hilft in erster Linie Apple, um technische Verbesserungen durchführen zu können. Für Sie als Nutzer ist sie äußerst heikel, da auch persönliche Daten unbemerkt übers Internet verschickt werden können. Um das Senden von Analysedaten zu stoppen, öffnen Sie die *Einstellungen* und wählen die Option *Datenschutz*.

Auf das Senden von Analysedaten sollten Sie aus Gründen des Datenschutzes lieber verzichten

Unterhalb der Liste mit den verschiedenen Funktionen zu Ortungsdiensten, Kontakten usw. finden Sie den Eintrag *Analyse & Verbesserungen*, den Sie antippen. Deaktivieren Sie – sofern aktiviert – den Schalter *iPhone-Analyse teilen*.

Selbst auf Analysedaten zugreifen

Die Analysedaten bleiben auch dann auf dem iPhone gespeichert, wenn Sie das Senden deaktivieren. Wenn Sie sich die Daten selbst mal ansehen wollen, tippen Sie unter *Analyse & Verbesserungen* auf *Analysedaten* und wählen anschließend einen der Einträge aus.

Personalisierte Werbung abstellen

Wie schon erwähnt, gibt es auf Ihrem iPhone einige versteckte Funktionen, mit deren Hilfe Ihnen passende Werbung untergejubelt werden soll. Die offensichtlichste dieser Funktionen nennt sich *Personalisierte Werbung*.

Die Funktion wird Ihnen wie ein Vorteil verkauft, aber auf Sie zugeschnittene Werbung ist ganz bestimmt kein Vorteil, sondern ein Übergriff auf Ihre persönlichen Daten.

Um die personalisierte Werbung abzustellen, gehen Sie so vor:

1 Tippen Sie in den *Einstellungen* erneut auf *Datenschutz*.

2 Streichen Sie mit dem Finger ganz nach unten und wählen Sie den Eintrag *Apple-Werbung*.

3 Deaktivieren Sie den Schalter *Personalisierte Werbung*.

Ortsabhängige Vorschläge und wichtige Orte deaktivieren

Verschiedene Systemdienste greifen ungefragt auf die Ortungsdienste Ihres iPhones zu, sprich: können jederzeit Ihren aktuellen Standort ermitteln. Dagegen ist nichts einzuwenden, wenn der Zugriff auf die Ortungsdienste beispielsweise zum Einstellen der iPhone-Uhr erfolgt. Aber bei einigen der Systemdienste ist der Zugriff auf Ihren Standort von Ihnen eher nicht gewünscht.

Öffnen Sie deshalb ein weiteres Mal die *Einstellungen* und gehen Sie auf *Datenschutz*. Entscheiden Sie sich ganz oben für *Ortungsdienste*, streichen Sie ganz nach unten und tippen Sie dort auf den Eintrag *Systemdienste*. Ihnen wird eine ganze Reihe von Optionen präsentiert. Deaktivieren sollten Sie:

- *Apple Pay-Händler-ID:* Mit dieser Option werden Apple-Pay-Händler in der Nähe Ihres Standorts lokalisiert. Auch wenn Sie Apples Zahlungsdienst Apple Pay nutzen, ist dies nicht unbedingt notwendig.

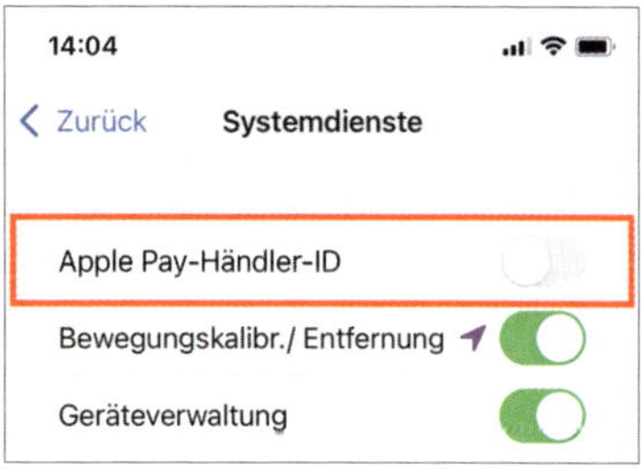

- *Ortsabhängige Vorschläge:* Diese Option wird von Apple genutzt, um Ihnen zu Ihrem Standort passende Suchvorschläge und gegebenenfalls News anzubieten. Darauf können Sie aber zugunsten von mehr Datenschutz gut verzichten.
- *Wichtige Orte:* Bei aktivierter Option wird gespeichert, wo Sie sich besonders häufig aufhalten. Bevor Sie diese Option abschalten, tippen Sie auf *Verlauf löschen*, ansonsten bleiben die bereits gespeicherten Daten erhalten.

- *Produktverbesserungen:* In diesem Abschnitt deaktivieren Sie alle vorhandenen Optionen, da sie nicht Ihnen, sondern nur Apple dienen.

Auf Handoff lieber verzichten?

Eine weitere Funktion, die mit dem Versand von Daten verbunden ist, die Sie aber nicht unbedingt benötigen, ist *Handoff*. Handoff dient dazu, mit dem Schreiben auf dem einen Apple-Gerät zu beginnen und auf einem anderen Gerät nahtlos weiterzumachen, sofern Sie mit der gleichen Apple-ID angemeldet sind.

Wenn Sie mehrere Apple-Geräte verwenden, kann Handoff durchaus nützlich sein; falls nicht benötigt, deaktivieren Sie die Funktion aber lieber

Um Handoff zu deaktivieren, stellen Sie in den *Einstellungen* unter *Allgemein* und dort unter *AirPlay & Handoff* einfach den Schalter *Handoff* aus.

Vorschläge und Tracking in der Browser-App Safari stoppen

Für die Browser-App *Safari* sind gesonderte Einstellungen notwendig, was Vorschläge und Tracking anbelangt. Öffnen Sie dazu die *Einstellungen* und wählen Sie den Eintrag *Safari*.

Deaktivieren Sie im Abschnitt *Suchen* die verschiedenen Vorschlagsoptionen sowie die Option *Toptreffer vorab laden* – auch bei diesen Optionen werden jeweils Daten an Apple gesandt.

Im Abschnitt *Datenschutz & Sicherheit* sollten die Optionen *Cross-Sitetracking verhindern* sowie *Betrugswarnung* aktiviert sein.

Die Option *Datenschutzwahrende Werbungsmessung* können Sie hingegen getrost deaktivieren.

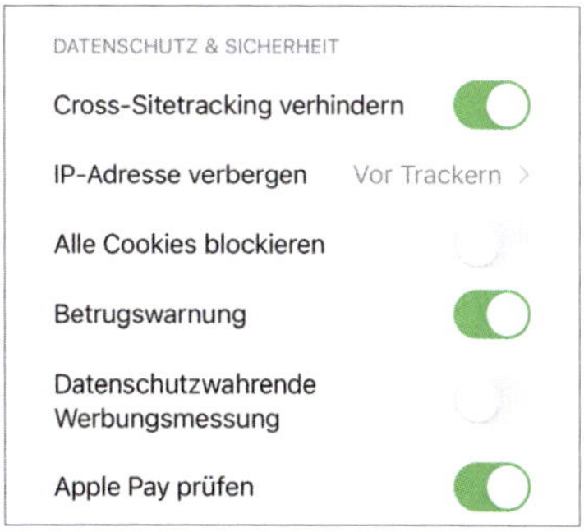

Beim Suchen und Surfen im Internet werden eine Menge Daten übers Internet versandt – ein paar Einschränkungen können Sie aber festlegen

Verbergen Sie verfängliche Daten vor anderen iPhone-Nutzern

Nun wären da noch die Daten, die nicht unbedingt übers Internet verschickt, aber auf dem iPhone gespeichert werden – und dadurch auch anderen Nutzern des iPhones zugänglich sind. In den meisten Fällen ist das kein Problem, da Sie sowieso ausschließlich vertrauenswürdigen Personen den Zugriff auf Ihr iPhone gewähren. Aber von ein paar gespeicherten Daten wissen Sie vielleicht nichts. Die folgenden Hinweise werden Ihnen beim Löschen bestimmter Daten nützlich sein.

Aufnahmen endgültig löschen – oder wiederherstellen

Die Aufnahmen, die Sie mit Ihrem iPhone machen und aus der App *Fotos* löschen, sind auf Ihrem iPhone noch einen Monat lang vorhanden. Sie befinden sich solange in einer Art Papierkorb, nämlich im Album *Zuletzt gelöscht*. Um Ihre Aufnahmen endgültig zu löschen (oder um versehentlich gelöschte Aufnahmen bei Bedarf wiederherzustellen), gehen Sie folgendermaßen vor:

1 Öffnen Sie die App *Fotos* und tippen Sie unten auf *Alben*.
2 Wählen Sie ganz unten das Album *Zuletzt gelöscht*.
3 Tippen Sie nun rechts oben auf *Auswählen*.
4 Sie finden unten die Optionen *Alle löschen* sowie *Alle wiederherstellen*. Sie können auch einzelne Aufnahmen zum endgültigen Löschen bzw. Wiederherstellen auswählen.

Damit niemand sieht, welche Webseiten Sie besucht haben

Auch die auf dem iPhone gespeicherten Websitedaten können heikel sein. Vielleicht haben Sie nach einem Geburtstagsgeschenk für Ihren Schatz gesucht – oder nach Scheidungsanwälten? Am besten verwenden Sie für solche Suchen den privaten Modus, damit von vornherein gar keine Websitedaten auf dem iPhone gespeichert werden.

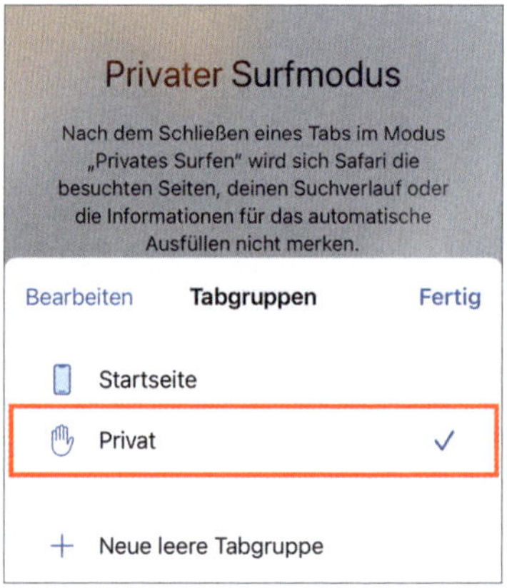

Beim privaten Surfen werden keine Daten der besuchten Webseiten auf dem iPhone gespeichert

Um den privaten Modus zu aktivieren, tippen Sie rechts unten in der Browser-App *Safari* auf das Symbol. Anschließend tippen Sie unten auf die aktuelle Tabgruppe und wählen im Menü die Option *Privat*. Bestätigen Sie mit *Fertig* – schon ist Safari im privaten Modus. Um diesen wieder zu deaktivieren, tippen Sie erneut auf das Symbol und wählen eine andere Tabgruppe aus.

Durch Gedrückthalten des Symbols der App *Safari* auf dem Home-Bildschirm bzw. in der App-Mediathek lässt sich ein privater Tab auch per Kontextmenü aufrufen. Wichtig: Unabhängig davon, ob Sie privat surfen oder nicht, werden Ihnen die in Safari geöffneten Tabs beim nächsten App-Start erneut präsentiert. Wenn Sie dies nicht wünschen, müssen Sie die Tabs schließen. Gehen Sie dazu rechts unten in Safari auf das Symbol ⧉ und tippen Sie anschließend rechts oben in einem Tab auf das zugehörige Kreuzsymbol ×. Um bereits gespeicherte Websitedaten zu löschen, öffnen Sie die *Einstellungen* und wählen *Safari*. Streichen Sie nach unten und tippen Sie auf *Verlauf und Websitedaten löschen*.

Vorsicht vor der schnellen Website-Suche

Zu den gespeicherten Websitedaten zählt auch die schnelle Website-Suche. Wenn Sie in Safari eine Website mit einer Suchfunktion aufrufen und dort eine Suche durchführen, merkt sich Safari diese. Der Vorteil: Eine erneute Suche lässt sich mithilfe eines Kurzbefehls direkt im Suchfeld von Safari durchführen. Der Nachteil: Auch andere Nutzer Ihres iPhones sehen, wo Sie bereits gesucht haben. Wenn Sie dies nicht wünschen, deaktivieren Sie die schnelle Website-Suche in den *Einstellungen* unter *Safari* und dort unter *Schnelle Website-Suche*.

Datenschutz zu einer Website anfordern

Wenn Sie Safari öffnen, wird Ihnen auf der Startseite standardmäßig ein allgemeiner »Datenschutzbericht« angezeigt, der darüber Auskunft gibt, inwieweit Ihre Aktivitäten von aufgerufenen Websites getrackt wurden. Das kann ziemlich interessant sein und lässt Sie die Seriosität von Websites zumindest ein Stück weit einschätzen. Einen Datenschutz können Sie auch für eine gerade geöffnete Website aufrufen, und zwar folgendermaßen:

1 Tippen Sie links im Adressfeld auf das Symbol AA.

2 Beim Eintrag *Datenschutzbericht* wird Ihnen die Anzahl der kontaktierten Tracker anzeigt. Tippen Sie den Eintrag an, gelangen Sie zum allgemeinen Datenschutzbericht.

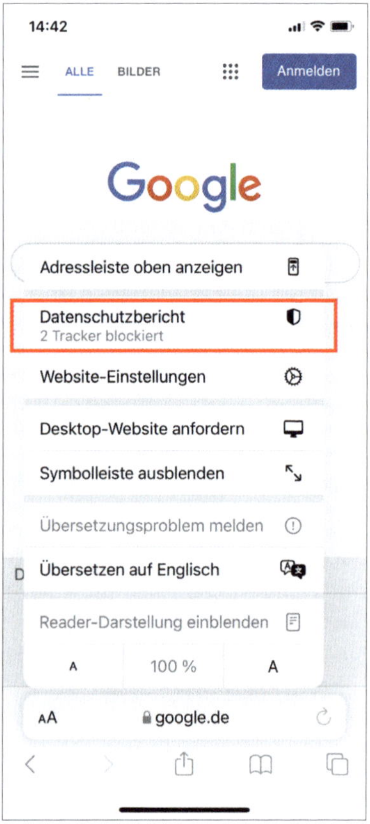

Adressen löschen, die Sie gesucht haben

Auch von den Adressen, die Sie in der App *Karten* gesucht haben, wird ein Verlauf gespeichert. Sie können Einträge daraus auf die aus anderen Apps gewohnte Weise löschen: Tippen Sie einen Eintrag im Verlauf an, ziehen Sie mit dem Finger von rechts nach links und tippen Sie auf die so eingeblendete Schaltfläche *Löschen*.

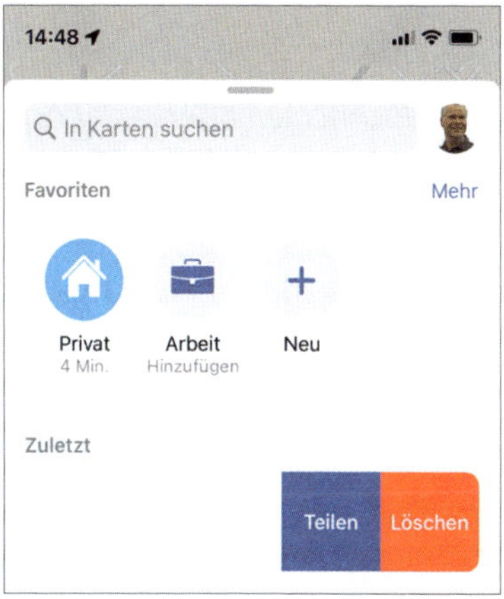

Einträge im Suchverlauf der Karten-App lassen sich mit wenigen Handgriffen entfernen

Zwischenablage überschreiben

Was Sie auf Ihrem iPhone in die Zwischenablage kopieren, bleibt dort, bis die Zwischenablage für einen anderen Inhalt benötigt wird. Wenn Sie auf Ihrem iPhone zum Beispiel eine Webadresse in die Zwischenablage kopieren, bleibt sie dort, auch nachdem Sie die Adresse andernorts eingefügt haben. Um einen verfänglichen Inhalt aus der Zwischenablage zu entfernen, kopieren Sie einfach etwas anderes hinein.

Anrufer und weitere Daten entfernen

Auf Ihrem iPhone befindet sich eine Anrufliste, in der alle ein- und ausgehenden Telefonate verzeichnet werden. Öffnen Sie die App *Telefon* und tippen Sie unten auf *Anrufliste*, um sich die Liste anzusehen. Um einzelne Einträge oder die gesamte Liste zu löschen, wählen Sie rechts oben *Bearbeiten* und ...

- ... tippen bei einem einzelnen Eintrag auf das Symbol ⊖ und bestätigen mit *Löschen*, um ihn zu entfernen.
- Oder Sie tippen links oben auf *Löschen* und bestätigen mit *Alle löschen*, um die Anrufliste vollständig zu bereinigen.

Übrigens finden Sie auch in der App *FaceTime*, die Sie für Audio- oder Videotelefonate übers Internet einsetzen, eine solche Liste. Vielleicht möchten Sie auch einzelne Konversationen in der App *Nachrichten* oder in der App *Mail* löschen? Tippen Sie auch hier jeweils mit dem Finger auf einen Eintrag und ziehen Sie ihn nach links, um die Option zum Löschen zu erhalten.

Das iPhone speichert noch viele weitere Daten – bis hin zur Berechnung, die Sie mit der App *Rechner* durchgeführt haben. Natürlich macht es keinen Sinn, alle Daten nach jedem Gebrauch zu löschen, aber es ist doch wichtig zu wissen, dass diese Daten vorhanden sind!

Verbieten Sie den Zugriff auf Mitteilungen im gesperrten Zustand

Standardmäßig werden eingehende Nachrichten, Mailvorschauen und verschiedene weitere Meldungen nicht nur auf dem Home-Bildschirm Ihres iPhones angezeigt, sondern auch auf dem Sperrbildschirm. Wenn das iPhone im Café auf dem Tisch liegt, können andere Personen also unter Umständen mitlesen. Die entsprechende Einstellung wird für jede App einzeln geändert:

1 Öffnen Sie die *Einstellungen* und wählen Sie den Eintrag *Mitteilungen*.

2 Tippen Sie auf die App, für die Sie die Sperrbildschirm-Einstellung ändern möchten, also etwa auf die App *Nachrichten*.

3 Deaktivieren Sie für diese App das Häkchen bei *Sperrbildschirm*.

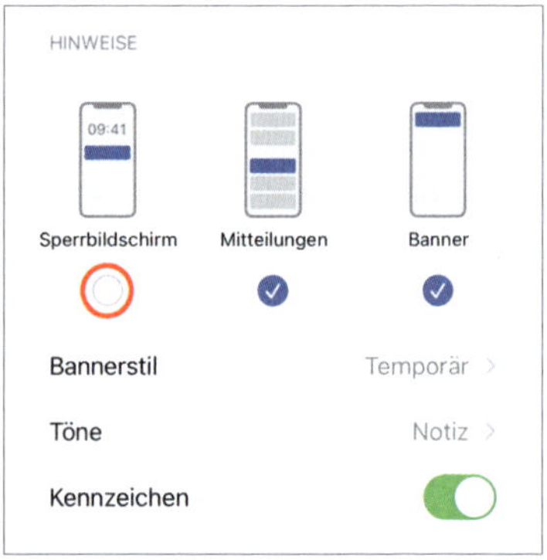

Die Light-Variante wäre, lediglich die Vorschauen für Nachrichten und E-Mails zu deaktivieren, dann würden nur noch die Absender im Sperrbildschirm angezeigt, jedoch keine Inhalte einer Nachricht oder E-Mail.

Bildschirmzeit kontrollieren, App-Limits einrichten, Beschränkungen konfigurieren

Im Zusammenhang mit dem Datenschutz, aber auch als »Kindersicherung« für minderjährige iPhone-Nutzer interessant sind die Einstellungen, die sich auf Ihrem iPhone unter dem Eintrag *Bildschirmzeit* finden lassen.

Zunächst mal wird Ihnen in den *Einstellungen* unter *Bildschirmzeit* – sofern Sie die Funktion aktiviert haben – angezeigt, wie viel Zeit Sie am iPhone-Display verbringen und welche Aktivitäten Sie bei der iPhone-Nutzung ausüben. Sie können nun für sich selbst oder für einen Sprössling, der das iPhone verwendet, Auszeiten, App-Limits und weitere Beschränkungen einrichten.

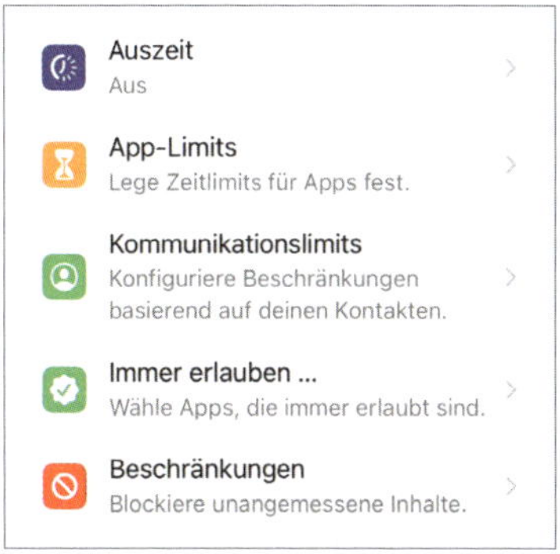

Richten Sie eine Auszeit ein, in der nur die von Ihnen erlaubten Apps zur Verfügung stehen

Die *Auszeit* aktivieren Sie unter dem gleichlautenden Eintrag, um anschließend eine bildschirmfreie Zeit festzulegen, in der nur diejenigen iPhone-Apps zur Verfügung stehen, die Sie unter dem Eintrag *Immer erlauben* festlegen.

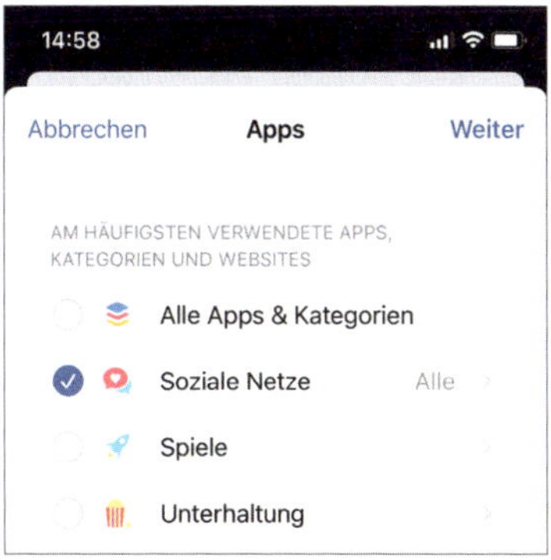

App-Limits beschränken die Nutzungszeit bestimmter Apps pro Tag

Eine Alternative zur globalen Auszeit sind Zeitbeschränkungen für bestimmte App-Typen, z. B. soziale Netzwerke oder Spiele. Diese Zeitbeschränkungen legen Sie unter dem Eintrag *App-Limits* fest.

Ein ganzer Strauß weiterer Beschränkungen lässt sich unter dem Eintrag *Beschränkungen* einrichten. Damit lassen sich unterschiedliche – beispielsweise nicht jugendfreie – Inhalte ausblenden oder ungewünschte Änderungen verhindern. Tippen Sie jeweils einen Eintrag an, um Ihre Einstellung dazu zu bestimmen.

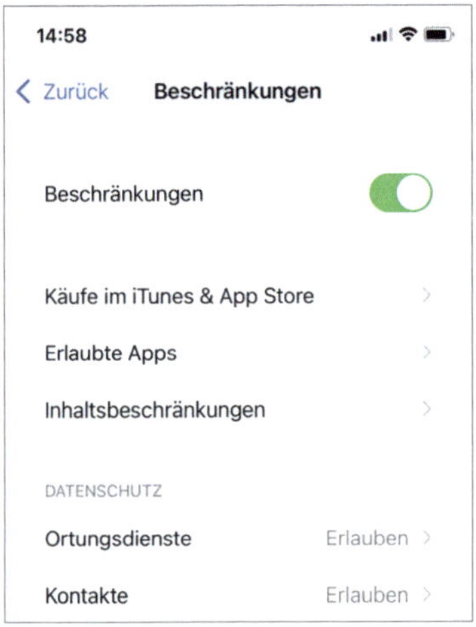

Nehmen Sie die unterschiedlichsten Beschränkungen vor, beispielsweise Inhaltsbeschränkungen für Filme, abhängig von deren Altersfreigabe

Ihre Einstellungen zur Bildschirmzeit lassen sich übrigens auch auf mehreren Geräten nutzen, wenn Sie in den *Einstellungen* unter *Bildschirmzeit* den Schalter *Geräteübergreifend teilen* aktivieren. Sofern Sie die Familienfreigabe nutzen, lassen sich Bildschirmzeiten auch für die ganze Familie einrichten.

5. Clever (video)telefonieren und chatten mit Ihrem iPhone

Das iPhone ist eher ein leistungsstarker Mini-Computer als ein Handy. Aber die Funktionen zum Telefonieren und zum Austauschen von Nachrichten sind doch nicht ganz unwichtig. In diesem Kapitel habe ich die besten Tipps und Tricks zum Thema Kommunikation für Sie gesammelt – von den nützlichsten und wichtigsten Telefonfunktionen über den Versand von handgeschriebenen Nachrichten oder Sprachbotschaften bis hin zu den unter iOS 15 neu hinzugekommenen FaceTime-Funktionen sowie dem Einrichten des »Fokus«.

Die Telefonfunktionen Ihres iPhones voll ausschöpfen

Das Telefonieren mit dem iPhone ist eine einfache Sache: Sie öffnen die App *Telefon* und wählen eine Nummer bzw. suchen einen Kontakt aus, um jemanden anzurufen. Während eines Telefonats können Sie auch noch weitere Anrufer zu einer Telefonkonferenz hinzufügen.

Wenn jemand Sie anruft, wird Ihnen dies durch einen Klingelton sowie durch einen Hinweis auf dem Display angezeigt, und Sie können den Anruf entweder annehmen oder ablehnen. Während eines Videotelefonats mit FaceTime können Sie dank Bild-in-Bild-Funktion auf andere Apps zugreifen und Ihren Gesprächspartner dabei trotzdem sehen.

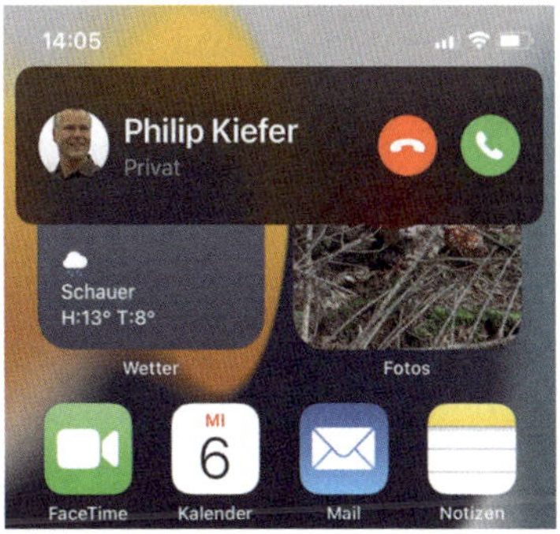

Ist der Home-Bildschirm geöffnet, erscheint der Hinweis über einen eingehenden Anruf oben auf dem Bildschirm

Im Hinweisfenster finden Sie Buttons zum Annehmen und Ablehnen des Anrufs. Tippen Sie das Hinweisfenster an, werden Ihnen die weiteren Optionen *Erinnerung* sowie *Nachricht* angezeigt, die Sie im folgenden Abschnitt kennenlernen.

Anruf ablehnen – wenn gewünscht mit Erinnerung oder Nachricht

Zum Ablehnen eines Anrufs verwenden Sie den roten Button. Alternativ können Sie einen Anruf auch ablehnen, indem Sie zweimal die Seitentaste an Ihrem iPhone drücken. Wenn Sie die Seitentaste lediglich einmal betätigen, wird das iPhone nur lautlos gestellt.

Ihnen werden auch noch zwei weitere Möglichkeiten zum Ablehnen eines Anrufs angeboten:

- Den Anruf ablehnen und gleichzeitig eine Erinnerung erstellen: Tippen Sie auf die Option *Erinnerung* und legen Sie im sich öffnenden Menü fest, dass Sie an den Rückruf erinnert werden möchten.

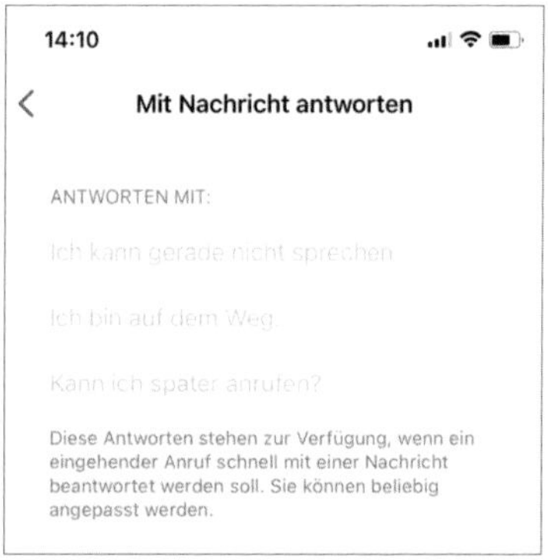

- Den Anruf ablehnen und gleichzeitig eine Nachricht senden: Tippen Sie auf die Option *Nachricht* und wählen Sie eine der vorgegebenen Nachrichten aus, die an den Anrufer gesendet werden soll.

  Wenn Sie auf *Eigene* tippen, können Sie auch eine individuelle Nachricht verfassen. Falls Sie die vorgegebenen Nachrichten ändern möchten, öffnen Sie die *Einstellungen* und wählen unter *Telefon* den Eintrag *Mit Nachricht antworten*. Geben Sie die gewünschten eigenen Nachrichten ein. Wenn Sie diese löschen, werden wieder die ursprünglichen Nachrichten verwendet.

Anrufe weiterleiten, Anrufer sperren und Co.

Einige Telefonfunktionen hängen vom Netzbetreiber bzw. von Ihrem Mobilfunkvertrag ab. Öffnen Sie die *Einstellungen* und wählen Sie den Eintrag *Telefon*. Diese Funktionen lassen sich gegebenenfalls aktivieren bzw. deaktivieren:

- *Anrufe ankündigen*: Möchten Sie bei einem Anruf durch die Siri-Stimme informiert werden, wer gerade anruft? Das können Sie unter dem Eintrag *Anrufe ankündigen* tun.
- *WLAN-Anrufe*: Diese Funktion ermöglicht es, *WLAN-Anrufe* zu führen, also mit anderen im WLAN befindlichen Apple-Geräten, etwa einem iPad oder einem Mac, via iPhone zu telefonieren.
- *Auf anderen Geräten*: Auf dem iPhone eingehende Anrufe können auch auf anderen Apple-Geräten empfangen werden, sofern sich diese im selben WLAN befinden. Welche Geräte Sie zum Empfangen von Anrufen verwenden möchten, bestimmen Sie unter dem Eintrag *Auf anderen Geräten*.
- *Rufweiterleitung*: Sollen eingehende Anrufe an eine andere Rufnummer weitergeleitet werden, tippen Sie in den *Einstellungen* unter *Telefon* auf *Rufweiterleitung*, aktivieren die gleichlautende Option und geben die gewünschte Rufnummer an. Klären Sie vorher mit Ihrem Mobilfunkanbieter die für die Rufweiterleitung anfallenden Kosten!

- *Anklopfen/Makeln*: Sofern Ihr Mobilfunkanbieter Anklopfen und Makeln unterstützt, aktivieren Sie diese Option unter *Anklopfen/Makeln*. Unter Anklopfen wird verstanden, dass sich ein Anrufer durch ein Signal bemerkbar machen kann, wenn Sie gerade mit einer anderen Person telefonieren. Beim Makeln lassen sich zwei Anrufe gleichzeitig annehmen, und Sie können zwischen den Anrufern hin- und herschalten.

- *Meine Anrufer-ID senden*: Normalerweise sieht die Person, mit der Sie telefonieren, Ihre Rufnummer auf dem Display. Falls Sie dies nicht wünschen, deaktivieren Sie unter *Meine Anrufer-ID senden* die Option *Anrufer-ID senden*.
- *Unbekannte Anrufer stummschalten*: Mithilfe dieser Funktion lassen sich unbekannte Anrufer stummschalten. Um als bekannt zu gelten, muss eine Rufnummer entweder in Ihren Kontakten eingetragen sein, kürzlich von Ihnen gewählt worden sein oder aber in den Siri-Vorschlägen gespeichert sein.

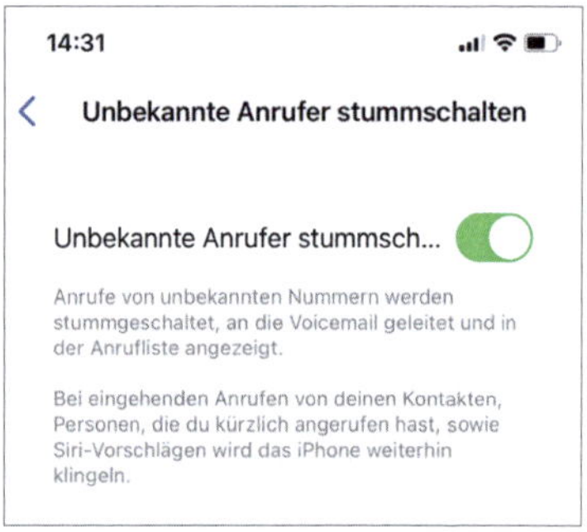

- *SMS/Anruf melden*: Diese Option erlaubt es, unerwünschte Anrufe oder Nachrichten an Drittanbieter zu melden, sofern diese die Funktion bereithalten.

Unerwünschte Anrufer und Nachrichtenschreiber sperren

Sie werden von einer Person telefonisch belästigt oder mit SMS bombardiert? Solche Personen können Sie sperren. Voraussetzung ist allerdings, dass Sie die Person Ihren Kontakten hinzufügen. In den *Einstellungen* unter *Telefon* und dort unter *Blockierte Kontakte* tippen Sie dann auf *Kontakt hinzufügen*, um den Kontakt auszuwählen – die Person kann Sie dann nicht mehr telefonisch (Mobilfunknetz, FaceTime) oder per Nachricht (SMS, iMessage) kontaktieren.

Abfrage der SIM-PIN beim iPhone-Start deaktivieren

Um übers Mobilfunknetz zu telefonieren oder ins Internet zu gehen, legen Sie in Ihr iPhone eine Nano-SIM-Karte ein. Normalerweise wird dann bei jedem iPhone-Start die SIM-PIN abgefragt. Das ist einerseits gut, um die Telefonfunktionen Ihres iPhones zu schützen, andererseits kann es lästig sein, die SIM-PIN immer wieder neu eingeben zu müssen, wenn Sie Ihr iPhone häufig abschalten. Zum Deaktivieren der SIM-PIN gehen Sie so vor:

1. Öffnen Sie die *Einstellungen* und tippen Sie unter *Mobilfunk* auf den Eintrag *SIM-PIN*.
2. Deaktivieren Sie im nächsten Schritt den Schalter *SIM-PIN*.
3. Nun brauchen Sie nur noch einmalig die SIM-PIN einzugeben und mit *Fertig* zu bestätigen.

Praktisch bei Prepaid-Angeboten: Unter *SIM-Anwendungen* lässt sich jederzeit das noch verfügbare Kartenguthaben abfragen.

Damit Ihr iPhone in Grenznähe nicht den Netzbetreiber wechselt

Deutschland hat neun Nachbarländer, Österreich acht und die Schweiz fünf. Wenn Sie sich in Grenznähe aufhalten, kann es leicht passieren, dass Ihr iPhone automatisch zu einem ausländischen Netzbetreiber wechselt. Um das zu verhindern, öffnen Sie die *Einstellungen* und wählen den Eintrag *Mobilfunk*.

Deaktivieren Sie anschließend unter *Netzauswahl* die Option *Automatisch* und warten Sie einen Moment, bis die verfügbaren Netzbetreiber angezeigt werden. Tippen Sie Ihren Netzbetreiber an, um diesen auszuwählen.

Tastentöne und Sperrton abschalten

Im Meeting, im Konzert oder nachts im Bett nutzen Sie den Stummschalter, um das iPhone lautlos zu stellen – dies betrifft auch die *Tastaturanschläge* und den *Ton beim Sperren*. Wenn Sie diese Töne generell abschalten möchten, tun Sie dies unten in den *Einstellungen* unter *Töne & Haptik*.

Nützliche FaceTime-Funktionen im Überblick

FaceTime-Telefonate mit anderen Nutzern sind eine feine Sache, wobei diese Telefonate übers Internet geführt werden – auf Wunsch mit Videoübertragung und mit bis zu 32 FaceTime-Teilnehmern gleichzeitig. Sie können ein Videotelefonat direkt in der App *FaceTime* starten, aber z. B. auch aus der App *Nachrichten* heraus, per Auswahl in Ihren Kontakten oder mit der Sprachassistentin Siri. Möchten Sie weitere Teilnehmer hinzufügen? Nachdem Sie einen FaceTime-Anruf gestartet haben, tippen Sie hierzu auf den Namen der angerufenen Person. Wählen Sie *Personen hinzufügen*. Neu unter iOS 15: FaceTime lässt sich nun nicht mehr nur zwischen Apple-Nutzern verwenden, sondern Sie können auch einen FaceTime-Link senden, der dann z. B. auf einem Android-Smartphone geöffnet werden kann, um das FaceTime-Telefonat anzunehmen.

Weitere FaceTime-Funktionen rufen Sie per Symbol auf. Links unten sehen Sie z. B. einen Aufnahme-Button. Damit lassen sich FaceTime Live Photos aufnehmen, allerdings nur, wenn der Gesprächspartner dies in den *Einstellungen* unter *FaceTime* per Schalter explizit gestattet. Ansonsten ist der Aufnahme-Button ohne Funktion.

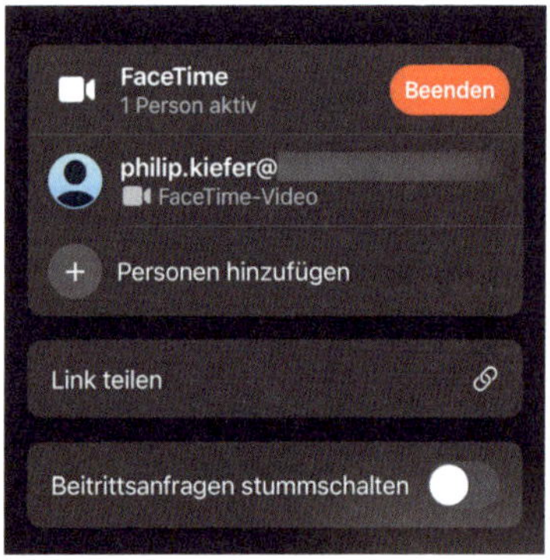

Fügen Sie während eines FaceTime-Telefonats weitere FaceTime-Nutzer hinzu bzw. teilen Sie einen FaceTime-Link

Ebenfalls unten finden Sie ein Symbol zum Aufrufen von Effekten sowie ein Symbol zum Umschalten zwischen Front- und Rückseitenkamera. Vielleicht möchten Sie von der App *FaceTime* zu einem Chat mit der angerufenen Person wechseln, etwa um Texte oder Fotos auszutauschen. Dazu würden Sie auf das Symbol tippen. Sie können danach per Symbol links oben auf dem iPhone-Bildschirm jederzeit wieder zurück zum FaceTime-Telefonat wechseln.

Dank Bild-in-Bild-Funktion können Sie während eines Videotelefonats auch andere Apps nutzen. Streichen Sie während eines Telefonats einfach das Videofenster nach oben, um das Gespräch Bild-in-Bild weiterzuführen. Oder möchten Sie die mit iOS 15.1 eingeführte Bildschirmfreigabe mit SharePlay nutzen? Diesem Zweck dient das Symbol.

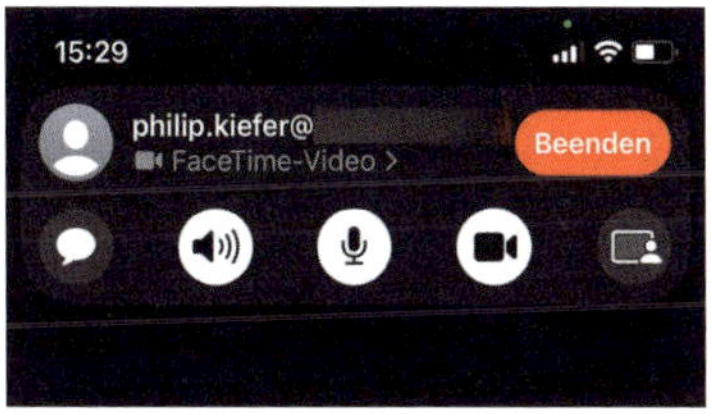

Wechseln Sie während eines Telefonats zur App Nachrichten, um mit Ihrem Gesprächspartner zu chatten

Achten Sie bei Videotelefonaten mit FaceTime auf eine ausreichend schnelle Internetverbindung und gute Lichtverhältnisse, um Ihrem Gesprächspartner ein gutes Bild zu übermitteln.

Die besten Tipps zum Chatten mit iMessage

Versenden Sie mit dem iPhone gern Kurznachrichten, sprich: Chatten Sie gern? Auch dazu habe ich einige tolle Tipps für Sie auf Lager. Lernen Sie auf den nächsten Seiten bewährte Funktionen zum Thema kennen.

Die wichtigsten Konversationen anpinnen

Wenn Sie in der App *Nachrichten* die Liste mit den Konversationen nach unten ziehen, erscheint ein Suchfeld, mit dem Sie auch bei vielen Konversationen die gesuchte schnell ausfindig machen. Besonders wichtige Konversationen lassen sich aber auch oben anheften, um sie sofort verfügbar zu haben. Hierzu halten Sie eine Konversation gedrückt und wählen im Kontextmenü den Eintrag *Anpinnen*.

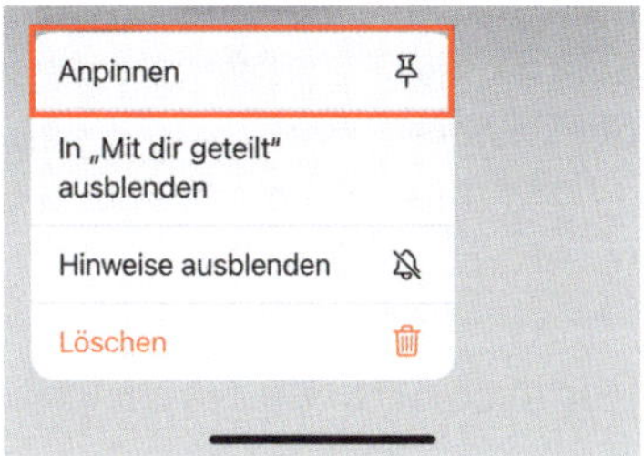

Die wichtigsten Konversationen pinnen Sie oben in der Konversationsliste der App Nachrichten an

Soll eine Konversation nicht mehr oben anheftet werden? Dann tippen Sie sie an, halten sie gedrückt und wählen im Kontextmenü den Eintrag *Loslösen*.

Auf geteilte Inhalte in verschiedenen Medien-Apps zugreifen

Unter iOS 15 neu hinzugekommen: Medieninhalte, die Sie über die App *Nachrichten* teilen, werden automatisch in den verschiedenen Medien-Apps in einem Bereich *Mit dir geteilt* angezeigt. In der App *Fotos* finden Sie diesen Bereich in der Rubrik *Für dich*, in der App *Musik* sowie in der App *Podcasts* in der Rubrik *Jetzt hören*, in der App *TV* in der Rubrik *Jetzt ansehen* und schließlich in der App *Safari* auf der neuen Startseite.

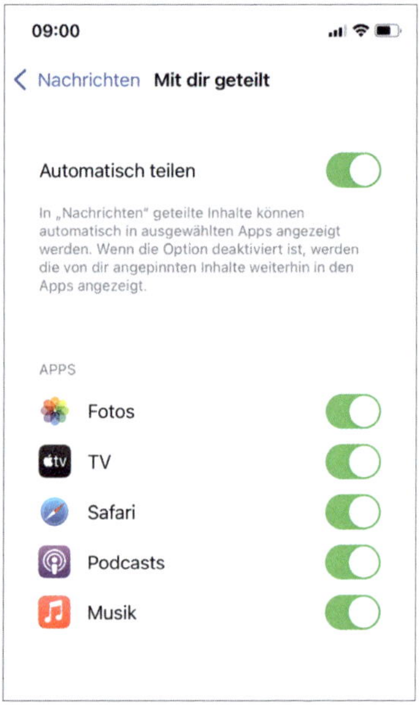

Falls Ihnen die unter iOS 15 hinzugekommene Funktion »Mit dir geteilt« eher unheimlich sein sollte, deaktivieren Sie sie komplett oder für einzelne Apps

Wenn Sie die Inhalte einer Konversation dort nicht anzeigen möchten, tippen Sie diese in der App *Nachrichten* an, halten sie gedrückt und wählen im Kontextmenü *In „Mit dir geteilt" ausblenden*. Sie können die Funktion auch insgesamt deaktivieren, und zwar in den *Einstellungen* unter *Nachrichten* und dort unter *Mit dir geteilt*.

Handschriftliche Nachrichten versenden

Sie können per iMessage nicht nur eingetippte Nachrichten versenden, sondern auch handschriftliche Nachrichten, die Sie aufs iPhone-Display schreiben. Geben Sie dazu in der App *Nachrichten* zunächst den oder die iMessage-Empfänger an und tippen Sie dann ins Eingabefeld. Drehen Sie das iPhone anschließend ins Querformat und wählen Sie auf der Tastatur die Taste [Symbol]. Schreiben Sie mit dem Finger Ihre Nachricht auf das Display oder übernehmen Sie eine der bereits verfügbaren Nachrichten. Bestätigen Sie zum Schluss mit *Fertig*, um die handschriftliche Nachricht versenden zu können.

Verleihen Sie Ihren iMessages durch Ihre Handschrift eine persönlichere Note

Beachten Sie: Die handschriftlichen Nachrichten bleiben in einem Verlauf gespeichert. Um einen Eintrag aus dem Verlauf zu entfernen, halten Sie ihn in der Querformat-Ansicht gedrückt, bis die handschriftlichen Nachrichten zu wackeln beginnen. Nun können Sie einzelne handschriftliche Nachrichten aus dem Verlauf löschen.

Animojis und Memojis versenden

Auch die Animojis sorgen für abwechslungsreiche Nachrichten. Das sind witzige Gesichter, deren Gesichtsausdruck Sie über die eingebaute Kamera selbst bestimmen. Die folgende Anleitung zeigt Ihnen, wie Sie ein Animoji selbst zusammenbauen – das nennt sich dann Memoji:

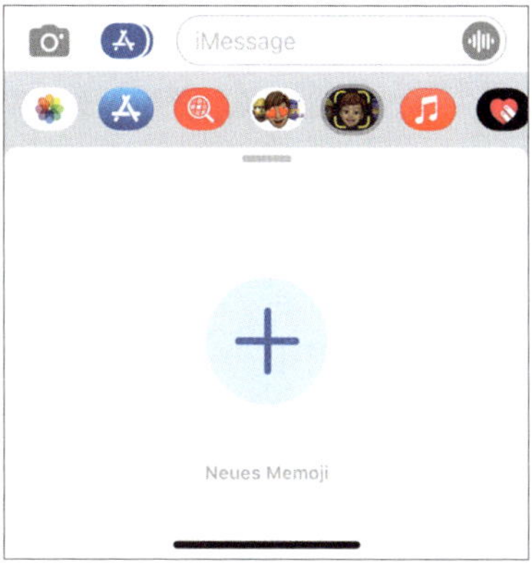

1 Tippen Sie unterhalb des Eingabefeldes auf das Symbol [Symbol].

2 Sie können nun eines der vorhandenen Animojis per Fingertipp auswählen. Um ein personalisiertes Memoji zu erstellen, tippen Sie hingegen auf den Plus-Button.

3 Gestalten Sie Ihr Memoji nun nach Herzenslust: Sie können Gesichtsformen, Farben, Kopfbedeckungen und vieles mehr individuell auswählen. Bestätigen Sie Ihre Kreation zum Schluss mit *Fertig*.

4 Tippen Sie dann auf das Aufnahmesymbol ●, um das Memoji noch mit Ihrem Gesichtsausdruck und Ihren Geräuschen zu versehen.

5 Sie können Ihr Memoji direkt versenden, es findet sich ab sofort aber auch in der Animoji-Liste. Lediglich Gesichtsausdruck und Geräusche müssen Sie bei einem späteren Versenden erneut aufnehmen. Noch ein wichtiger Tipp: Schauen und hören Sie sich Ihre Animojis vor dem Versand noch mal gründlich an!

Memoji-Sticker und weitere Sticker einsetzen

Neben den im vorherigen Abschnitt kennengelernten Memojis zum Selberbasteln stehen auf Ihrem iPhone auch eine Menge Memoji-Sticker bereit.

Diese lassen sich nicht nur in iMessage verwenden, sondern stehen Ihnen auch über die Emoji-Tastatur zur Verfügung, die Sie mit der Smiley-Taste 😀 aufrufen. In iMessage finden Sie die Memoji-Sticker unter dem Symbol .

Die von Ihnen gestalteten Memoji-Sticker lassen sich nicht nur in iMessage, sondern auch in anderen Apps einsetzen

Es lassen sich viele weitere Sticker aus dem App Store laden und für den Nachrichtenversand einsetzen. Um einen Sticker zu verwenden, tippen Sie unterhalb des Eingabefeldes die entsprechende App an, um einen Sticker aus dieser App einzusetzen.

Witzige Kameraeffekte nutzen

Möchten Sie eine Aufnahme von sich selbst versenden und diese mit witzigen Kameraeffekten versehen? Auch das ist kein Problem! Dazu tippen Sie links neben dem Eingabefeld auf das Kamerasymbol .

Wählen Sie anschließend das Symbol , um unter verschiedenen Symbolen die verfügbaren Effekte aufzurufen, etwa Grafik- oder Texteffekte, die Sie per Fingertipp in die Aufnahme einfügen und dort mit dem Finger in Position ziehen.

Wählen Sie einen Kameraeffekt aus, um Ihre Aufnahmen vor dem Versand über iMessage aufzupeppen

iMessages mit Digital Touch versenden

Ein weiteres spannendes iMessage-Feature ist das Versenden von Digital-Touch-Zeichnungen mit iMessage. Hierbei handelt es sich nicht um statische Zeichnungen, sondern um Animationen.

Um Digital Touch zu verwenden, geben Sie den oder die iMessage-Empfänger an und tippen dann unterhalb des Eingabefeldes auf das Symbol . Die folgenden Digital-Touch-Optionen stehen Ihnen anschließend zur Verfügung:

- *Scribble:* Streichen Sie mit einem Finger, um zu zeichnen. Ihnen stehen mehrere Zeichenfarben zur Verfügung, und Sie können beim Zeichnen sogar die iPhone-Kamera einschalten.
- *Tap:* Tippen Sie mit einem Finger, um animierte Kreise per iMessage zu versenden.

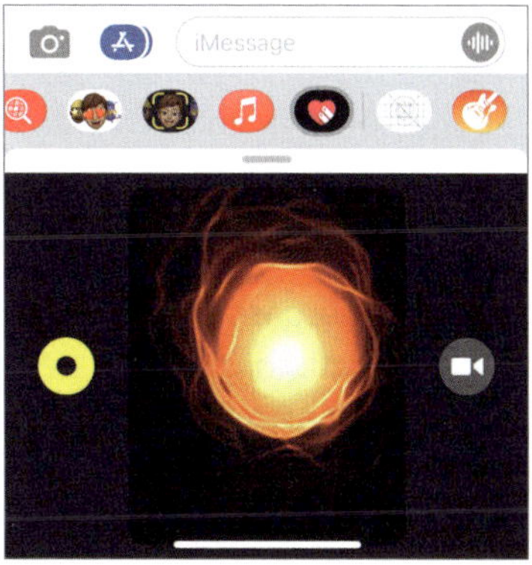

- *Feuerball:* Halten Sie die Zeichenfläche gedrückt, um animierte Feuerbälle per iMessage zu versenden.
- *Kuss:* Möchten Sie einen animierten Kuss senden, tippen Sie mit zwei Fingern auf die Zeichenfläche.
- *Herzschlag:* Soll ein animierter Herzschlag versandt werden, halten Sie die Zeichenfläche mit zwei Fingern gedrückt.
- *Zerbrochenes Herz:* Schließlich können Sie auch ein animiertes zerbrochenes Herz senden, indem Sie die Zeichenfläche mit zwei Fingern gedrückt halten und die Finger dann nach unten ziehen.

Nachrichten mit Sprechblasen kommentieren

Erhaltene iMessages lassen sich auf die Schnelle mit einer Sprechblase kommentieren, indem Sie die Nachricht gedrückt halten und eine der Sprechblasen auswählen.

Mit iMessage eine Sprachbotschaft übermitteln

Oder möchten Sie eine Sprachbotschaft übermitteln? Dazu tippen Sie im Eingabefeld für die iMessage auf das Symbol und halten dieses gedrückt, während Sie Ihre Sprachbotschaft einsprechen.

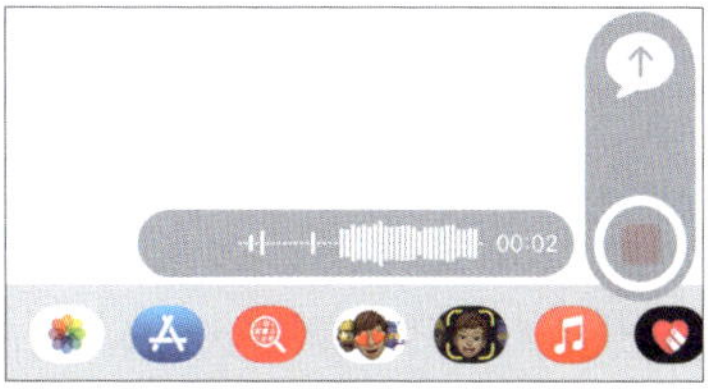

Sprechen Sie Ihre Sprachnachricht in das iPhone-Mikrofon und versenden Sie sie anschließend an den iMessage-Empfänger

Sie können die Sprachbotschaft anschließend direkt an den Empfänger senden.

Für das Abhören eingegangener Sprachnachrichten ist es gut zu wissen, dass Sie sich dazu einfach das iPhone wie beim Telefonieren ans Ohr halten müssen. Mancherorts werden in jüngster Zeit Personen gesichtet, die ihr iPhone zum Abhören von Nachrichten quer ans Ohr halten. Dies ist jedoch nicht erforderlich.

Möchten Sie, dass die Sprachnachrichten zwei Minuten nach dem Anhören automatisch gelöscht werden oder dauerhaft gespeichert werden? Diese Auswahl treffen Sie in den *Einstellungen* unter *Nachrichten* und dort im Abschnitt *Audionachrichten* unter *Löschen*.

Beim Versand von teuren SMS: Lassen Sie sich die Zeichenanzahl anzeigen

Falls Sie Ihre Nachrichten nicht mit iMessage übers Internet versenden, sondern per SMS, sollten Sie sich – es sei denn, Sie verfügen über eine SMS-Flatrate – die Zeichenanzahl Ihrer SMS anzeigen lassen. SMS sind nämlich auf 160 Zeichen beschränkt. Bei mehr Zeichen werden einfach mehrere SMS verschickt. Öffnen Sie die *Einstellungen* und wählen Sie *Nachrichten*. Aktivieren Sie dort die Option *Zeichenanzahl*. Sie sehen nun beim Verfassen einer Nachricht ab der zweiten Zeile, wie viele Zeichen Sie bereits eingegeben haben.

Standort senden oder freigeben

Auch das Senden des eigenen Standorts bzw. die Standortfreigabe für einen bestimmten Zeitraum ist in der App *Nachrichten* möglich, z. B. wenn Sie sich irgendwo verabredet haben und zueinander finden wollen. Wählen Sie dazu in der App *Nachrichten* eine Konversation aus, tippen Sie auf das Symbol des Kontaktes und entscheiden Sie sich nun

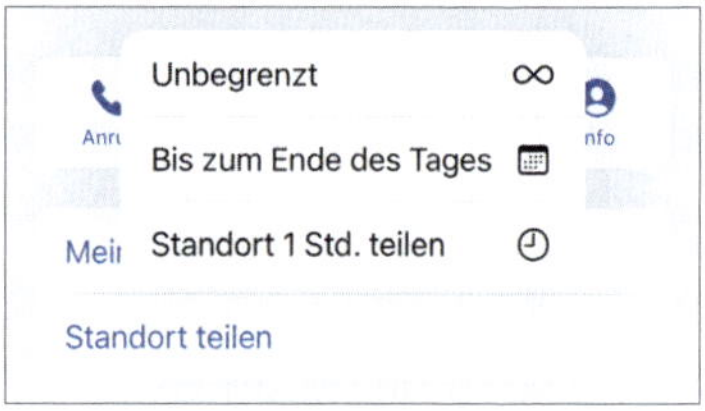

Gewähren Sie nur guten Freunden den Zugriff auf Ihren aktuellen Standort – entweder für eine bestimmte Zeit oder unbegrenzt

entweder für *Meinen aktuellen Standort senden* oder für *Standort teilen*, um anschließend festzulegen, für wie lange Sie Ihren Standort freigeben möchten.

Das iPhone soll nicht ständig bimmeln

Hinweistöne sind ja durchaus nützlich. Wenn Sie die App *Nachrichten* zum Chatten verwenden, können diese allerdings auch schnell nervig werden. Praktisch: Die Hinweistöne lassen sich für einzelne Konversationen abschalten. Öffnen Sie dazu eine Konversation und tippen Sie wieder auf das Symbol des Kontaktes. Aktivieren Sie die Option *Hinweise ausblenden*. Bei einem Gruppenchat finden Sie zudem die Option *Konversation verlassen* – falls Sie an einem Chat gar nicht mehr teilnehmen möchten.

Mehr Optionen für den Gruppen-Chat

Für Gruppen-Chats werden noch weitere Funktionen angeboten. Um einen Gruppen-Chat zu starten, tragen Sie in der App *Nachrichten* einfach mehrere Personen ins Adressfeld ein.

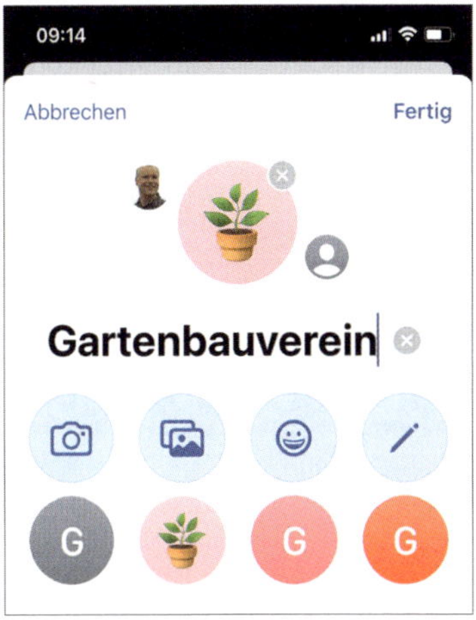

Geben Sie dem Gruppen-Chat eine sinnvolle Bezeichnung und verwenden Sie ein passendes Gruppenbild

Um ein Bild für den Gruppen-Chat hinzuzufügen, wählen Sie die Konversation aus und tippen oben auf die Personen. Entscheiden Sie sich nun für *Namen und Foto ändern*, um Ihre Anpassungen vorzunehmen und mit *Fertig* zu bestätigen.

Um direkt auf eine Nachricht im Gruppen-Chat zu antworten, tippen Sie auf die Nachricht und wählen im Kontextmenü den Eintrag *Antworten*. Verfassen Sie anschließend Ihre Antwort-Nachricht und senden Sie diese.

Lassen Sie sich von Ihrem iPhone nicht stören

Der von früheren iOS-Versionen bekannte Nicht-stören-Modus wurde unter iOS 15 in eine *Fokus*-Funktion umgewandelt, die differenzierte Einstellungsmöglichkeiten für unterschiedliche Situationen ermöglicht, etwa das Schlafen, das Fahren mit dem Auto oder »Zeit für mich«. Während Sie mit dem Stummschalter tatsächlich nur die Töne abstellen, können Sie bei aktiviertem Fokus z. B. bestimmte Anrufe durchlassen. Der Fokus lässt sich per Zeitplan steuern, aber auch, wenn eine bestimmte Aktivität – etwa

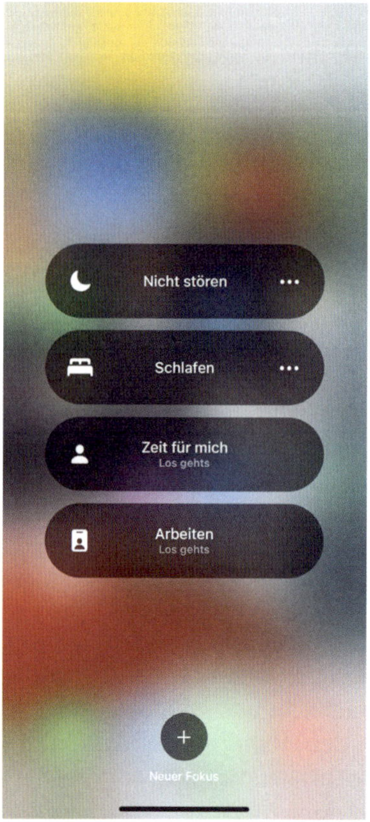

Das manuelle Aktivieren eines Fokus erfolgt im Kontrollzentrum

ein Fitnesstraining – erkannt wird. Das manuelle Aktivieren eines Fokus erfolgt im Kontrollzentrum Ihres iPhones, indem Sie dort die Schaltfläche *Fokus* wählen und anschließend auf eine der Fokusoptionen tippen. In den *Einstellungen* unter *Fokus* können Sie die Fokusoptionen individuell einrichten. Erstellen Sie z. B. einen Zeitplan oder eine Automation für den Nicht-stören-Modus und bestimmen Sie, welche Personen und Apps Sie während des aktivierten Fokus durchlassen möchten. Sie können aber nicht nur eine bestehende Fokusoption bearbeiten, sondern – unter dem Plussymbol + – individuelle Fokusoptionen anlegen.

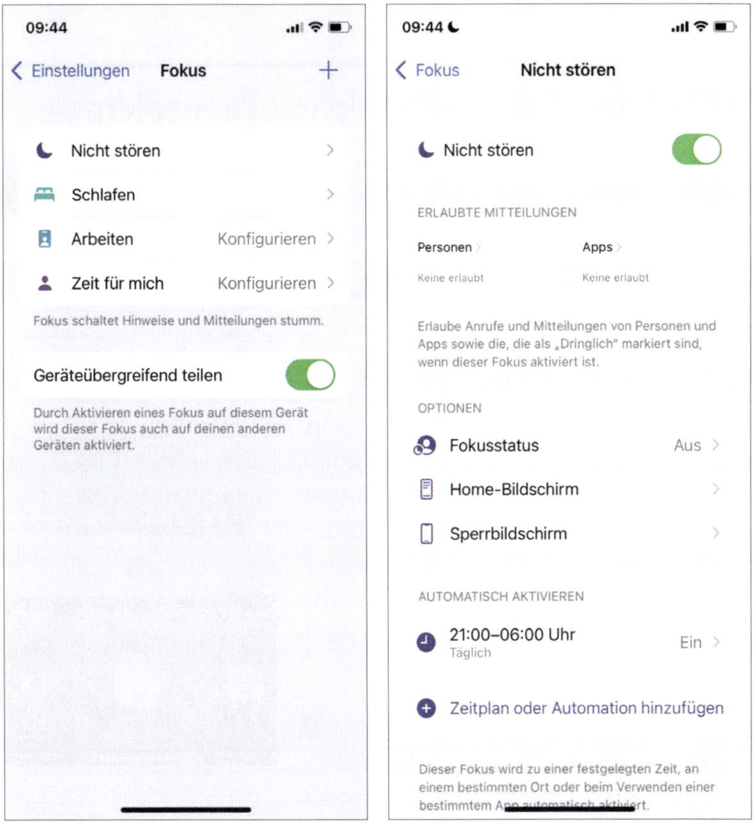

Die unter iOS 15 eingeführten Fokusoptionen lassen sich ganz individuell konfigurieren

6. Gekonnt Aufnahmen tätigen und diese ansprechend präsentieren

Ein iPhone verfügt über eine ausgezeichnete Kamera. Dies gilt besonders für die neueren iPhone-Modelle. Dabei können Sie Fotos und Videos mit dem iPhone nicht nur aufnehmen – Sie können diese auch direkt auf dem Gerät bearbeiten sowie anderen Personen präsentieren. Die besten Tipps und Tricks zu diesem Thema habe ich in diesem Kapitel für Sie zusammengestellt.

Die pfiffigsten Kamerafunktionen kennenlernen

Um die Kamera zu starten, tippen Sie auf die entsprechende App auf dem Home-Bildschirm. Auf dem Sperrbildschirm lässt sich die Kamera ebenfalls per Symbol starten oder alternativ vom rechten Displayrand auf das iPhone-Display streichen.

Wählen Sie eine Aufnahmeoption aus und passen Sie eventuell noch das Fotoformat an

Zum Aufnehmen von Fotos oder Videos wählen Sie zunächst eine der angebotenen Optionen aus: *Foto*, *Porträt*, *Pano* (Panoramafoto), *Video*, *Slo-Mo* (Zeitlupenvideo) oder *Zeitraffer* (Zeitraffervideo). Bei Fotos können Sie zusätzlich das Bildformat anpassen. Entscheiden Sie, ob Sie eine Aufnahme im Hoch- oder Querformat machen möchten, indem Sie das iPhone entsprechend halten.

Der Kamera-Blitz lässt sich mit dem Symbol aus- oder einschalten. Per Symbol bestimmen Sie, ob Sie das Foto mit der Kamera auf der Rückseite oder mit der Frontkamera auf der Vorderseite machen möchten. Weitere Optionen zum Anpassen des Bildformats, zum Einsetzen eines Filters, eines Timers usw. werden eingeblendet, wenn Sie auf das Pfeilsymbol tippen bzw. auf der Kamera nach oben streichen.

Aufnahme ohne Blick auf das Display starten

Damit Sie bei der Aufnahme das Motiv im Blick behalten können: Die Aufnahme sowohl von Fotos als auch von Videos kann nicht nur durch das Antippen des Aufnahme-Buttons erfolgen, sondern auch durch das Drücken einer der beiden Lautstärketasten.

Frontkamera für Selfies spiegeln

Wenn Sie mit der Frontkamera ein Selfie aufnehmen, gefällt Ihnen vielleicht nicht, dass sich Dinge auf dem aufgenommenen Foto auf der »falschen« Seite befinden.

Das können Sie verhindern, indem Sie mit der Frontkamera gespiegelte Fotos aufnehmen. Diese Funktion muss allerdings zunächst aktiviert werden, und zwar in den *Einstellungen* unter *Kamera* und dort per Schalter *Frontkamera spiegeln*.

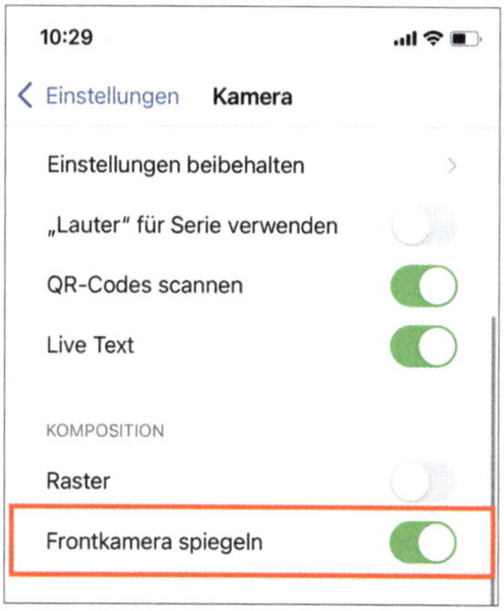

Auf Ihrem iPhone lässt sich, sofern Sie die Funktion aktivieren, die Frontkamera spiegeln

Nehmen Sie mit der gespiegelten Frontkamera z. B. ein Selfie auf, bei dem Sie die Zunge in der Realität zur linken Seite rausstrecken, wird die Zunge in der gespiegelten Version nach rechts rausgestreckt. Und würden Sie auf diese Weise einen Text in Spiegelschrift fotografieren, würde der Text auf dem Foto normal dargestellt werden.

Aufnahmen per Selbstauslöser tätigen

Möchten Sie die Selbstauslöser-Funktion nutzen, die es erlaubt, Fotos mit einer Zeitverzögerung von drei bzw. zehn Sekunden zu schießen?

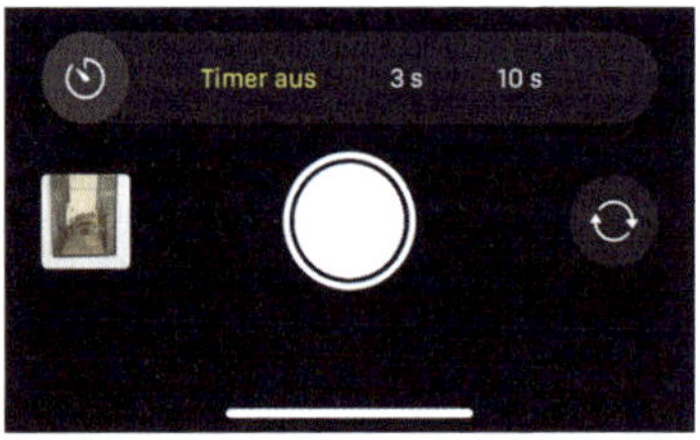

Wählen Sie aus, ob die Aufnahme nach drei oder zehn Sekunden Verzögerung getätigt werden soll

Um den Selbstauslöser zu aktivieren, blenden Sie in der App *Kamera* die erweiterten Optionen ein und tippen auf das Symbol , um anschließend die Zeitverzögerung festzulegen.

Jetzt müssen Sie nur noch den Auslöser drücken, um die Fotoaufnahme mit Zeitverzögerung zu starten. Den Selbstauslöser müssen Sie nach der Aufnahme wieder deaktivieren, indem Sie unter dem Symbol  auf *Timer aus* tippen.

Live Photos aufnehmen

Eine spezielle Form von Aufnahmen, die Sie mit Ihrem iPhone tätigen können, sind die Live Photos – dabei handelt es sich eigentlich um kurze Videosequenzen inklusive Ton, die sich dann auch auf anderen Apple-Geräten wie einem iPad, Mac und einer Apple Watch betrachten lassen.

Zum Aktivieren bzw. Deaktivieren der Live Photos tippen Sie in der App *Kamera* auf das Symbol . Die Wiedergabe eines Live Photos erfolgt in der App *Fotos* durch Antippen und Gedrückthalten. Bevor Sie ein Live Photo versenden, sollten Sie sich dieses stets komplett ansehen.

Das Aufnehmen eines Live Photos wird durch einen gelben Hinweis oben auf dem Display angezeigt

HDR-Funktion wiederfinden

Auf den neueren iPhones werden automatisch HDR-Fotos aufgenommen, also Hochkontrastbilder, die aus mehreren unterschiedlichen Einzelaufnahmen zusammengesetzt werden. Soll die HDR-Option wieder in der App *Kamera* zur Auswahl angezeigt werden, deaktivieren Sie in den *Einstellungen* unter *Kamera* die Option *Intelligente HDR*.

Hochauflösende Panoramabilder aufnehmen

Mit Ihrem iPhone lassen sich auch hochauflösende Panoramafotos aufnehmen. So gehen Sie dazu vor:

1. Entscheiden Sie sich in der App *Kamera* für die Aufnahmefunktion *Pano*.
2. Halten Sie die Kamera im Hochformat und drücken Sie den Auslöser.
3. Bewegen Sie das iPhone nun von links nach rechts, und zwar möglichst auf einer Linie. Auf dem iPhone-Display sehen Sie einen Pfeil, und Sie erhalten Hinweise, falls Korrekturen bei der Panorama-Aufnahme erforderlich werden sollten.
4. Um die Panorama-Aufnahme zu beenden, drücken Sie erneut den Auslöser. Das Panoramabild finden Sie wie die anderen Aufnahmen in der App *Fotos*.

Zoomstufe festlegen

Zum Erhöhen der Zoomstufe (digitaler Zoom) bewegen Sie auf dem iPhone-Display Daumen und Zeigefinger auseinander. Um die Zoomstufe zu verringern, bewegen Sie Daumen und Zeigefinger zueinander. Auf den neueren iPhones steht dank mehrerer Objektive zudem ein optischer Zoom zur Verfügung. Hier wird die Zoomstufe durch das Symbol 1x auf dem Display angezeigt. Sie können dieses Symbol antippen und nach links ziehen, um die Zoomstufe stufenlos zu erhöhen, bzw. nach rechts ziehen, um die Zoomstufe wieder zu verringern.

Auf die Schnelle: das QuickTake-Video

Wenn Sie über ein neueres iPhone ab dem iPhone XS und XR verfügen, können Sie auch im Fotomodus Videos aufzeichnen. Um ein solches QuickTake-Video aufzunehmen, halten Sie einfach die Auslösertaste in der App *Kamera* gedrückt. Alternativ können Sie auch die Lauter- oder Leiser-Taste des iPhones gedrückt halten. Das aufgezeichnete Video wird automatisch in der App *Fotos* gespeichert, sobald Sie die Auslösertaste loslassen.

Zeitraffervideos aufzeichnen

Mit Ihrem iPhone können Sie neben normalen Videos und Zeitlupenvideos (Slo-Mo) auch Videos im Zeitraffer aufzeichnen. Während die Bildfrequenz bei der Zeitlupe erhöht wird (von 60 auf 120 oder sogar 240 frames per second), wird diese beim Zeitraffer verringert. Um eine Videoaufnahme im Zeitraffer zu machen, wählen Sie in der Kamera-App die Option *Zeitraffer*. Drücken Sie anschließend den Auslöser, um die Aufnahme zu starten, und auch, um diese wieder zu beenden. Die fertige Aufnahme finden Sie in der App *Fotos*.

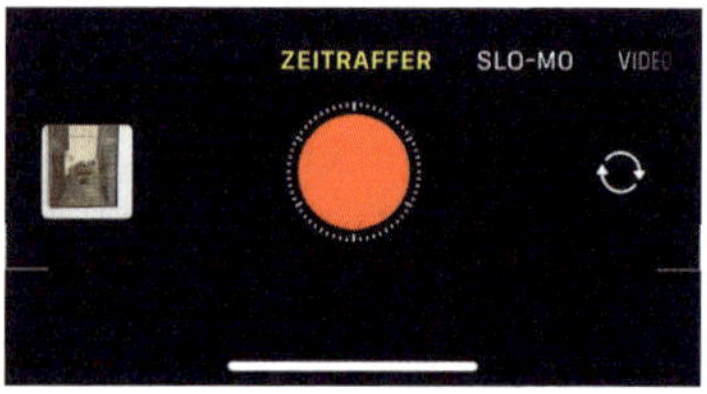

Auch Aufnahmen im Zeitraffer sind für das iPhone kein Problem

Bildschirmaufnahmen tätigen

Um ein Bildschirmfoto aufzunehmen, drücken Sie auf Ihrem iPhone gleichzeitig die Seitentaste und die obere Lautstärketaste. Auf einem älteren iPhone mit Home-Taste drücken Sie zusammen die Seitentaste und die

Home-Taste. Das Bildschirmfoto wird für ein paar Sekunden links unten auf dem Display eingeblendet. Wenn Sie das Bildschirmfoto bearbeiten möchten, tippen Sie die Minivorschau an. Sie erhalten anschließend verschiedene Optionen, um das Bildschirmfoto zu bearbeiten, etwa um auf dem Bildschirmfoto zu zeichnen oder ihm Text hinzuzufügen.

Sie können die Bildschirminhalte dank einer cleveren iOS-Funktion auch als Video mitschneiden. Und das geht so:

1 Wählen Sie in den *Einstellungen* den Eintrag *Kontrollzentrum*.

2 Fügen Sie per Symbol ⊕ das Steuerelement *Bildschirmaufnahme* hinzu.

3 Um nun eine Bildschirmaufnahme zu machen, streichen Sie das Kontrollzentrum von der rechten oberen Ecke bzw. bei einem älteren iPhone vom unteren Displayrand auf das iPhone-Display.

4 Tippen Sie auf das Symbol für die Bildschirmaufnahme – die Aufnahme läuft nach einem kurzen Countdown. Dies wird durch eine Markierung links oben auf dem Bildschirm dargestellt.

5 Um die Bildschirmaufnahme zu beenden, tippen Sie die Markierung links oben auf dem Bildschirm an und wählen *Stoppen*. Die Bildschirmaufnahme wird daraufhin in der App *Fotos* gespeichert.

Aufnahmen direkt auf dem iPhone bearbeiten

Die Bilder, die Sie mit dem iPhone aufgenommen haben, lassen sich dort auch direkt bearbeiten. Um ein Foto zu bearbeiten, tippen Sie dieses in der App *Fotos* an und wählen anschließend *Bearbeiten*. Ihnen werden daraufhin verschiedene Funktionen für die Bildbearbeitung angeboten. Um einen Bearbeitungsschritt jeweils zu speichern, tippen Sie auf das Symbol ✓. Um einen Bearbeitungsschritt oder die Bearbeitung insgesamt abzubrechen, tippen Sie auf das Symbol ✕.

Rufen Sie die Bildbearbeitungsfunktionen in der App Fotos auf

Die folgenden Bildbearbeitungsfunktionen sind auf Ihrem iPhone an Bord:

- *Filter:* Ein Filter lässt sich nicht nur beim Fotografieren einsetzen, sondern auch nachträglich auf ein Foto anwenden. Hierzu tippen Sie auf das Symbol und wählen einen der angebotenen Filter aus.

- *Zuschneiden*: Wenn Sie ein Foto zuschneiden möchten, tippen Sie auf das Symbol und ziehen den Zuschnittrahmen mit dem Finger in die gewünschte Position und Größe. Alternativ können Sie mit dem Symbol ein bestimmtes Zuschnittformat festlegen. Eine Skala hilft Ihnen zudem beim optimalen Ausrichten des Bildes.

- *Drehen*: Ebenfalls unter dem Symbol finden Sie das Symbol . Tippen Sie es an, um das Foto um jeweils 90 Grad gegen den Uhrzeigersinn zu drehen.
- *Spiegeln*: Zum Spiegeln eines Fotos tippen Sie unter dem Symbol auf das Symbol .

Fotos mit Texten, Formen und weiteren Markierungen versehen

Sie können bei der Bearbeitung Ihrer Aufnahmen in der App *Fotos* auch eine Markierungsoption verwenden, die Sie unter dem Symbol aufrufen. Versehen Sie Ihre Aufnahmen auf einfache Weise mit Texten, Formen oder verschiedenen weiteren Markierungen.

- *Anpassen*: Ist ein Foto zu dunkel geraten oder Sie möchten die Farben optimieren? Unter dem Symbol finden Sie eine ganze Reihe von Anpassungsoptionen, z. B. für Belichtung, Kontrast, Farbton usw. Die Anpassung erfolgt jeweils mithilfe eines Schiebereglers.

Bei der Bildbearbeitung in der App *Fotos* gehen Sie kein Risiko ein. Wenn Sie die Bearbeitungsoptionen zu einem Foto später erneut aufrufen, tippen Sie auf das Symbol und wählen *Zurück zum Original*, um das Bild zurück in den Originalzustand zu versetzen.

Live Photos bearbeiten

Für Live Photos stehen Ihnen unter dem Symbol zusätzliche Bearbeitungsfunktionen zur Verfügung, die ich Ihnen ebenfalls nicht vorenthalten möchte:

- **Schlüsselfoto festlegen:** Wählen Sie in der Aufnahmesequenz dasjenige Bild aus, das als »normales« Foto angezeigt werden soll, wenn die Live-Photos-Funktion von einem Betrachter nicht genutzt wird.
- **Ton abschalten:** Möchten Sie im Live Photo den Ton der Aufnahme deaktivieren? Dazu tippen Sie links oben auf das Lautsprechersymbol, sodass es nicht mehr orange dargestellt wird.
- **Live Photo in normales Foto umwandeln:** Um statt des Live Photos nur noch das Schlüsselfoto zu verwenden, tippen Sie auf die Schaltfläche *Live*, sodass diese nicht mehr orange dargestellt wird.

Live Photos lassen sich direkt auf dem iPhone bearbeiten

Zusätzlich bietet sich Ihnen für Live Photos eine Effektauswahl, die Sie erhalten, wenn Sie in der App *Fotos* (nicht im Bearbeitungsmodus!) ein Live Photo aufrufen und das Menü links oberhalb der Aufnahme öffnen.

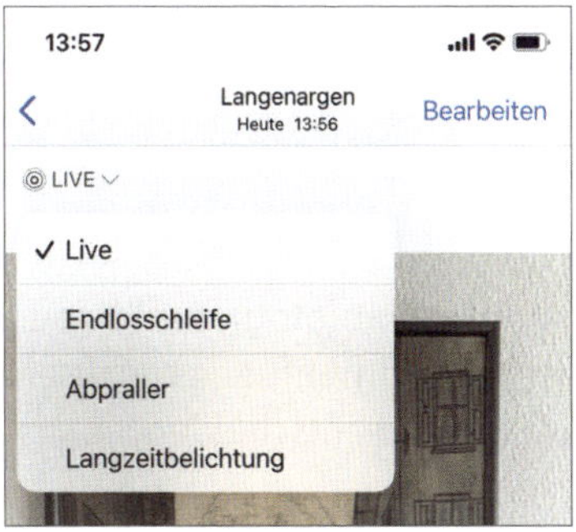

Blenden Sie zu einem Live Photo per Menü eine Effektauswahl ein

Videobearbeitung auf dem iPhone

Die Bildbearbeitungsfunktionen können übrigens auch auf Videos angewandt werden, sodass Sie gar nicht mehr unbedingt eine zusätzliche App wie *iMovie* benötigen. Sie gehen bei der Bearbeitung von Videos genauso vor wie bei der Bearbeitung von Fotos.

Neben den Ihnen bereits bekannten Symbolen finden Sie bei der Videobearbeitung zusätzlich das Symbol ■◀ zum Kürzen eines Videos. Zum Kürzen brauchen Sie lediglich den gelben Zuschnittrahmen in Position zu ziehen – so wie es auch schon bei früheren iOS-Versionen der Fall war.

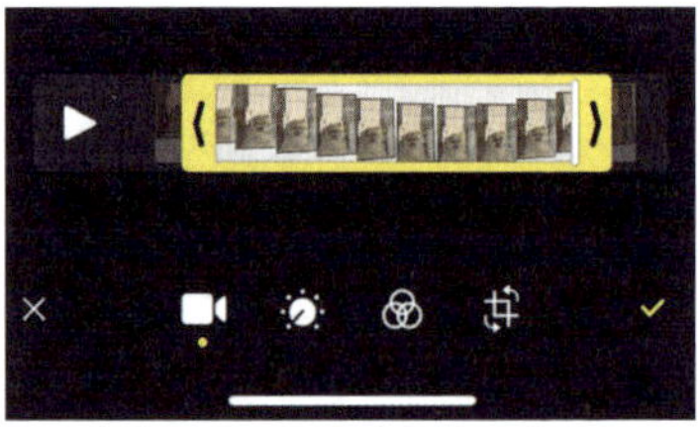

Hier wird ein Video gekürzt; es lassen sich zusätzlich auch die Bildbearbeitungsfunktionen auf Videos anwenden

Aufnahmen präsentieren oder mit anderen Personen teilen

Haben Sie Ihre Aufnahmen fertig bearbeitet, übertragen Sie diese – wie bei einer herkömmlichen Digitalkamera – per USB-Kabel auf den PC. Alternativ nutzen Sie eine App wie *WiFi Photo Transfer*, um die Aufnahmen bequem per WLAN auf den PC zu kopieren. Sie können Ihre Bilder natürlich auch direkt auf dem iPhone anderen Personen präsentieren – oder diese für andere im Internet verfügbar machen.

Aufnahmen als PDF-Datei speichern

Das ist besonders praktisch, wenn Sie Dokumente abfotografiert haben und diese nun zu einem einzigen Dokument zusammenfügen möchten: Tippen Sie dann in der App *Fotos* auf *Auswählen* und entscheiden Sie sich für die gewünschten Aufnahmen.

Tippen Sie anschließend auf das Symbol ⍐ und wählen Sie *Bücher*. Danach steht eine PDF-Datei mit den Fotos in der App *Bücher* zum Betrachten, aber auch zum Versenden zur Verfügung.

Darstellung in der Foto-Mediathek anpassen

Die Darstellung der Foto-Thumbnails in der Foto-Mediathek ist nicht in Stein gemeißelt. Um die Darstellung anzupassen, tippen Sie rechts oben in der Mediathek auf das Symbol ⋯. Sie erhalten dadurch ein Menü mit einigen Optionen, etwa dem Vergrößern der Thumbnails oder dem Filtern nach unterschiedlichen Kriterien, etwa dem Bearbeitungsstatus der Aufnahmen.

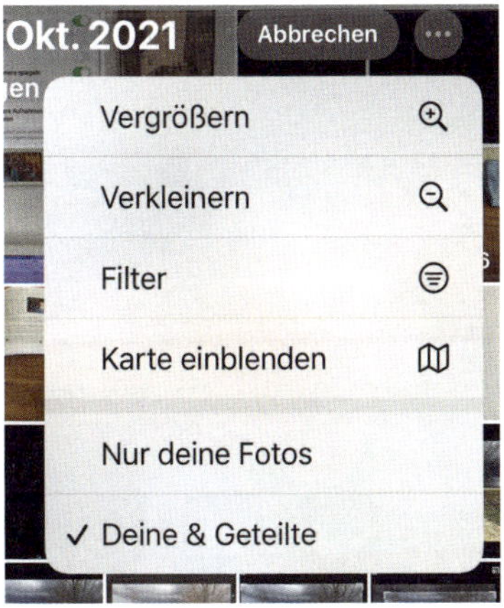

Passen Sie die Darstellung in der Foto-Mediathek ganz an Ihre Bedürfnisse an

Aufnahmen als Diashow mit Musikuntermalung wiedergeben

Wenn Sie ein Foto in der App *Fotos* aufrufen, streichen Sie nach rechts oder links, um durch Ihre Aufnahmen zu blättern. Eine schönere Präsentation gelingt allerdings mit einer Diashow – wenn gewünscht mit Musikuntermalung.

Legen Sie für Ihre Diashow am besten ein extra Album an – das Album ist eine Art Wiedergabeliste für Ihre Foto- und Videoaufnahmen. Entscheiden Sie sich dazu unten in der App *Fotos* für *Mediathek*, um eine Übersicht über alle Aufnahmen zu erhalten. Gehen Sie dann rechts oben auf *Auswählen* und tippen Sie die gewünschten Aufnahmen an.

Haben Sie Ihre Auswahl getroffen, tippen Sie unter dem Symbol auf *Zu Album hinzufügen* und dann auf *Neues Album*, um ein neues Album mit den ausgewählten Aufnahmen zu erstellen. Geben Sie dem neuen Album eine schlüssige Bezeichnung und bestätigen Sie mit *Sichern*.

Um die Diashow zu starten, wählen Sie das Album in der App *Fotos* unter *Alben* aus. Tippen Sie auf das erste Foto im Album und entscheiden Sie sich anschließend links unten für das Symbol ⍐. Im Menü wählen Sie die Option *Diashow*.

Die Diashow wird wiedergegeben. Wenn Sie in die Diashow tippen und dann rechts unten *Optionen* wählen, erhalten Sie Optionen zum Ändern des Übergangs, zum Festlegen der Hintergrundmusik usw.

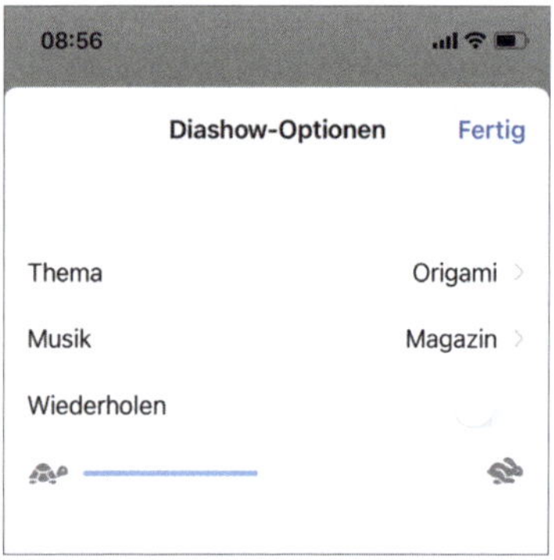

Die Diashow-Optionen können Sie aufrufen, wenn die Diashow läuft

Ein neues Album ist in der App Fotos schnell erstellt

Automatisch aus Ihren Aufnahmen generierte Rückblicke, das sind ebenfalls Diashows mit Musikuntermalung, bietet die Funktion *Für dich*, die Sie unten in der App *Fotos* aufrufen.

Ein eigenes Foto als Displayhintergrund festlegen

Oder möchten Sie ein selbst aufgenommenes Foto als Displayhintergrund einsetzen? Kein Problem: Wählen Sie das Bild in der App *Fotos* aus, tippen Sie links unten auf das Symbol und wählen Sie die Option *Als Hintergrund*.

Bestimmen Sie anschließend noch, ob das Bild nur auf dem Home-Bildschirm, nur auf dem Sperrbildschirm oder auf beiden Bildschirmen als Hintergrund verwendet werden soll.

Nach dem Diktieren der großgeschriebenen Wörter sagen Sie dann »Großschaltung beenden«.

Alben mit anderen teilen

Eine ausgezeichnete Möglichkeit, um Ihre Aufnahmen mit anderen Personen zu teilen, stellt die Funktion *Geteilte Alben* dar. Andere Personen können die von Ihnen geteilten Aufnahmen dann nicht nur betrachten, sondern auch – sofern von Ihnen gestattet – kommentieren und ergänzen.

Dazu aktivieren Sie zunächst, falls noch nicht geschehen, die Option *Geteilte Alben*, und zwar in den *Einstellungen* unter *Fotos*.

Aktivieren Sie die Funktion »Geteilte Alben« in den Fotoeinstellungen

Die Optionen *iCloud-Fotos* und *Mein Fotostream* können für diesen Zweck deaktiviert bleiben, diese dienen lediglich zum Austausch der Aufnahmen auf Ihren eigenen Geräten.

Gehen Sie nun folgendermaßen vor, um ein neues geteiltes Album zu erstellen und diesem Aufnahmen hinzuzufügen:

1 Öffnen Sie die App *Fotos* und tippen Sie unten auf die Rubrik *Alben*.

2 Tippen Sie links oben auf das Plussymbol +. Noch ein Hinweis: Ein geteiltes Album *Familie* steht im Zusammenhang mit der Familienfreigabe zur Verfügung, sofern Sie diese aktiviert haben.

3 Wählen Sie im Menü den Eintrag *Neues geteiltes Album*. Wie Sie feststellen, lassen sich auf diesem Weg auch lokale Alben erstellen.

4 Geben Sie dem Album einen Namen und bestätigen Sie anschließend mit *Weiter*.

5 Nun könnten Sie bereits Personen für die Freigabe einladen, doch es gibt weitere Optionen, die ich Ihnen gleich noch vorstelle. Bestätigen Sie deshalb einfach mit *Erstellen*.

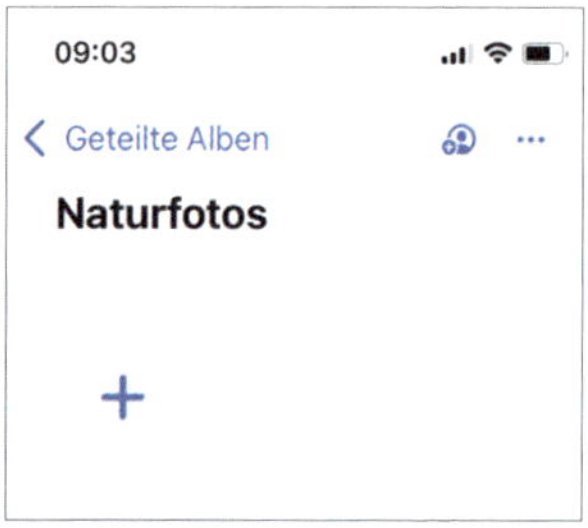

6 Sie finden das freigegebene Album in der Liste. Tippen Sie es an, um es zu öffnen.

7 Tippen Sie auf den Plus-Button.

8 Wählen Sie die Fotos, die Sie freigeben möchten, durch Antippen in der App *Fotos* aus und bestätigen Sie Ihre Auswahl mit *Fertig*. Wenn Sie wollen, können Sie die Bilder anschließend noch mit einem Text versehen.

9 Bestätigen Sie die Freigabe mit einem Fingertipp auf *Posten*.

10 Jetzt legen Sie noch fest, wer auf das freigegebene Album zugreifen darf. Tippen Sie dazu im freigegebenen Album auf das Symbol . Mit *Einladen* gestatten Sie einzelnen Personen den Zugriff auf

das Album. Aktivieren Sie hingegen die Option *Öffentliche Website*, werden die Fotos auf einer Webseite veröffentlicht und Sie können den angezeigten Link zu dieser Webseite teilen. Gut zu wissen: Die Option *Mitteilungen* betrifft Kommentare von anderen Personen; ist die Option *Abonniert: Posten mögl.* aktiviert, können andere Personen dem Album Fotos hinzufügen.

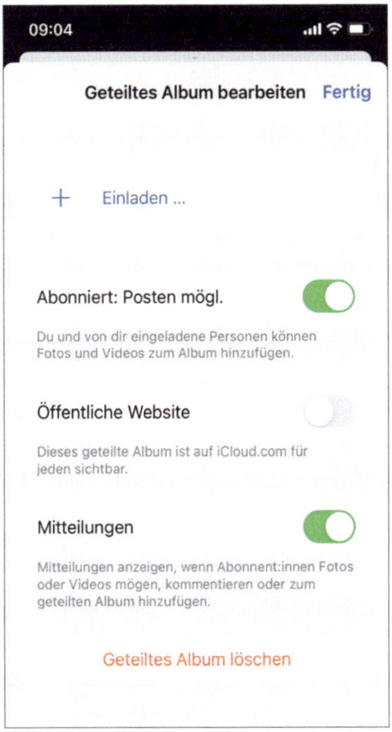

7. Prima Tipps für die Medienwiedergabe

Als echtes Multitalent ist das iPhone auch die reinste Medienmaschine. Kein Wunder, denn es ist schließlich aus dem Mediaplayer iPod hervorgegangen. Egal, ob Musik, Hörbücher, Filme oder Podcasts – das iPhone gibt so gut wie alles wieder, sofern das Format stimmt. In diesem Kapitel habe ich einige nützliche Tipps und Tricks speziell zu diesem Thema für Sie aufgeschrieben.

Die besten Tipps für die Medienwiedergabe

Die Wiedergabe von Musik, Filmen und Co. erfolgt auf dem iPhone weitgehend intuitiv, aber es gibt doch einige pfiffige Tipps und Tricks, die Sie kennen sollten.

Musik-Streaming mit Apple Music

Mit dem Dienst Apple Music können Sie Millionen Musiktitel streamen, ohne diese zu kaufen. Das kostet als Einzelperson 9,99 Euro pro Monat bzw. als Familie 14,99 Euro pro Monat; für Studierende gibt es einen Sondertarif für 4,99 Euro pro Monat. In der App *Musik* und dort in der Rubrik *Jetzt hören* können Sie ein Probe-Abo abschließen, um den Dienst kostenlos zu testen. Beachten Sie aber, dass die automatische Verlängerung für das Abo in Ihrem Account ausgeschaltet werden muss, sonst läuft es nach dem Probe-Abo kostenpflichtig weiter. Zum Deaktivieren der Verlängerung öffnen Sie die *Einstellungen*, wählen oben in den *Einstellungen* Ihren Benutzernamen und dann *Abonnements*.

Vielleicht für Sie interessant? Im Herbst 2021 wurde von Apple zusätzlich das Abo-Modell Apple Music Voice angekündigt, das wie das Abo für Studierende nur mit 4,99 Euro monatlich zu Buche schlägt, allerdings nur die Sprachsteuerung mit Siri erlaubt. Übrigens gibt es noch viele weitere Dienste für Musik und andere Medien – nicht nur von Apple – die Sie kostenlos testen können: Deezer, BookBeat, Amazon Prime, Readly und viele weitere. Probieren Sie die einzelnen Anbieter ruhig erst mal durch, bevor Sie sich für einen entscheiden!

Klang optimieren mit dem Equalizer

Der Klang bei der Musikwiedergabe entspricht noch nicht so ganz Ihren Vorstellungen? Abhilfe kann da der Equalizer schaffen, der Ihnen in den *Einstellungen* unter *Musik* und dort unter *EQ* zur Verfügung steht. Beachten Sie aber, dass der Equalizer den Strombedarf Ihres iPhones leicht erhöht.

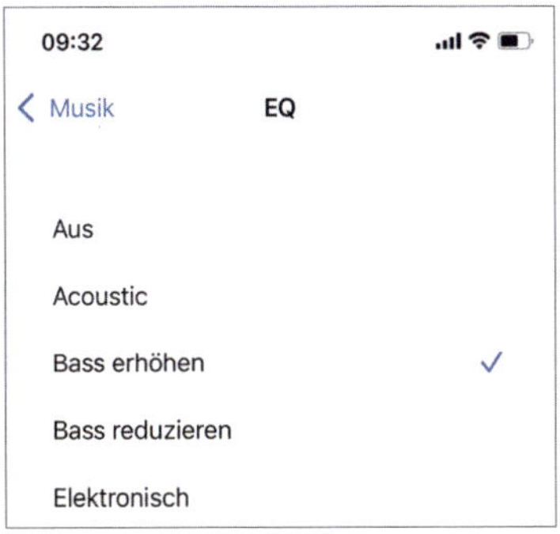

Im Equalizer stehen zahlreiche Klangvarianten zur Verfügung, die Sie zur Auswahl lediglich antippen müssen

Lautstärke der Wiedergabe automatisch regeln

Besonders dann, wenn die Songs aus unterschiedlichen Quellen stammen, kann sich die Wiedergabelautstärke unterscheiden. Aktivieren Sie in den *Einstellungen* unter *Musik* die Option *Lautstärke anpassen*, um die Lautstärke der Songs anzugleichen.

Musikwiedergabe mit dem Timer automatisch stoppen

Praktisch zum Einschlafen: Beenden Sie die Musikwiedergabe mithilfe des Timers in der App *Uhr*. Tippen Sie dazu im Timer auf den Eintrag *Timer-Ende* und wählen Sie ganz unten die Option *Wiedergabe stoppen*. Das Stoppen der Wiedergabe funktioniert übrigens nicht nur bei der App *Musik*, sondern auch bei Spotify und Co.

Automatische Podcast-Wiedergabe abschalten

Wenn Sie in der App *Podcasts* eine Folge anhören, wird nach dem Beenden der Folge standardmäßig die Wiedergabe automatisch mit der nächsten Folge fortgesetzt. Das ist in vielen Fällen nicht gewünscht. Um die automatische Fortsetzung zu unterbinden, öffnen Sie die *Einstellungen*, wählen *Podcasts* und deaktivieren dann im Abschnitt *Podcasts-Einstellungen* den Schalter *Kontinuierliche Wiedergabe*.

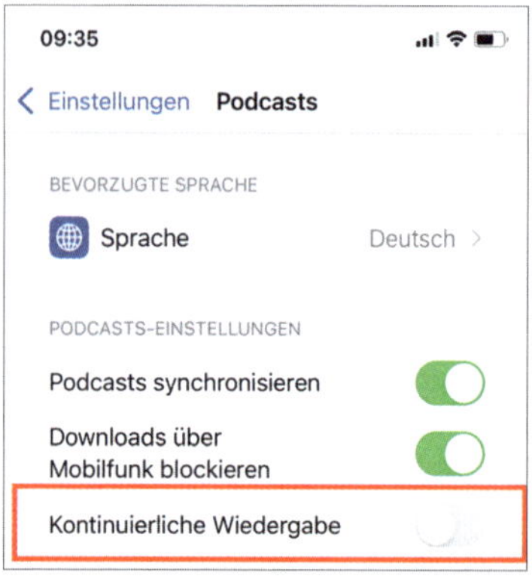

Podcasts erfreuen sich wachsender Beliebtheit, aber die kontinuierliche Wiedergabe kann manchmal nerven – schalten Sie diese einfach ab!

Hilfe! Das iPhone spielt meine Filme nicht ab!

Während es bei der App *Musik* kaum Formatprobleme gibt, da die meisten Songs im MP3- oder AAC-Format vorliegen, sieht es bei der App *Videos* etwas anders aus. Von dieser werden nur wenige Formate erkannt. Sie können Ihre Filme nun mühselig konvertieren, etwa mit der kostenlosen Software HandBrake, die Sie unter der Webadresse https://handbrake.fr finden. Die einfachere Variante besteht allerdings darin, eine Zusatz-App zu installieren, die mehr Formate wiedergibt. Empfehlenswert ist beispielsweise die bei Redaktionsschluss kostenlose App *VLC for Mobile*.

Medienstreaming leicht gemacht

Manchmal werden Sie sich wünschen, Ihre Musik und Ihre Filme auf die Stereoanlage bzw. den Fernseher zu übertragen. Mit den passenden Geräten ist das eine einfache Sache. Und natürlich geht es ohne Kabel. Eine einfache Variante ist die Bluetooth-Stereoanlage, die Sie – ähnlich wie im zweiten Kapitel im Zusammenhang mit einer Bluetooth-Tastatur beschrieben – mit dem iPhone koppeln. Wenn Bluetooth sowohl auf dem iPhone als auch an der Stereoanlage aktiviert ist, wird die Musik, die auf dem iPhone läuft, auf die Stereoanlage übertragen.

Diese Abbildung zeigt die Mini-Stereoanlage BTB8000 von Philips, die unter anderem über eine Bluetooth-Funktion verfügt (Quelle der Abbildung: Philips)

Eine weitere Streaming-Variante ist AirPlay. Die Übertragung erfolgt in diesem Fall an AirPlay-fähige Geräte. Das Aktivieren von AirPlay passiert im Kontrollzentrum unter dem Symbol (Bildschirmsynchronisierung) bzw. aus den einzelnen Medien-Apps heraus, in der App *Musik* beispielsweise unter dem Symbol . Unter iOS 15 können Sie Medieninhalte vom iPhone per AirPlay-Funktion auch auf einen Mac mit macOS Monterey streamen.

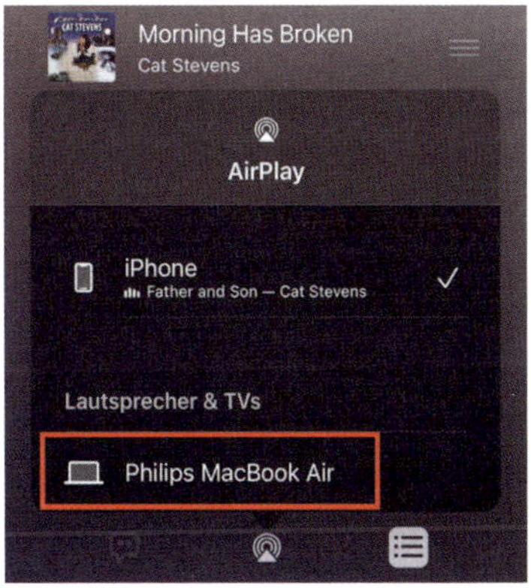

Hier wird auf einem iPhone mit iOS 15 AirPlay auf einem MacBook ausgewählt

Was die AirPlay-fähigen Geräte betrifft, ist allen voran das Apple TV zu nennen, das den Zugriff auf iPhone-Inhalte auch auf dem TV-Gerät ermöglicht.

Das Apple TV bietet zusätzlich noch weitere Funktionen wie den Zugriff auf die von Ihnen im iTunes Store erworbenen Artikel und die Möglichkeit, weitere Filme zu kaufen oder auszuleihen. Mit verschiedenen Apps erhalten Sie außerdem Zugriff auf Ihren Fotostream, auf Podcasts, Netflix, Amazon Prime Video und mehr.

Per Privatfreigabe Musik vom PC aufs iPhone übertragen

Ein Apple TV kann auch, dank Privatfreigabe, auf die Mediathek auf dem PC zugreifen. Aber das kann auch das iPhone. Hierzu muss die Privatfreigabe zunächst auf dem Computer aktiviert werden (auf einem Windows-PC in der Software iTunes, unter macOS in den *Systemeinstellungen*).

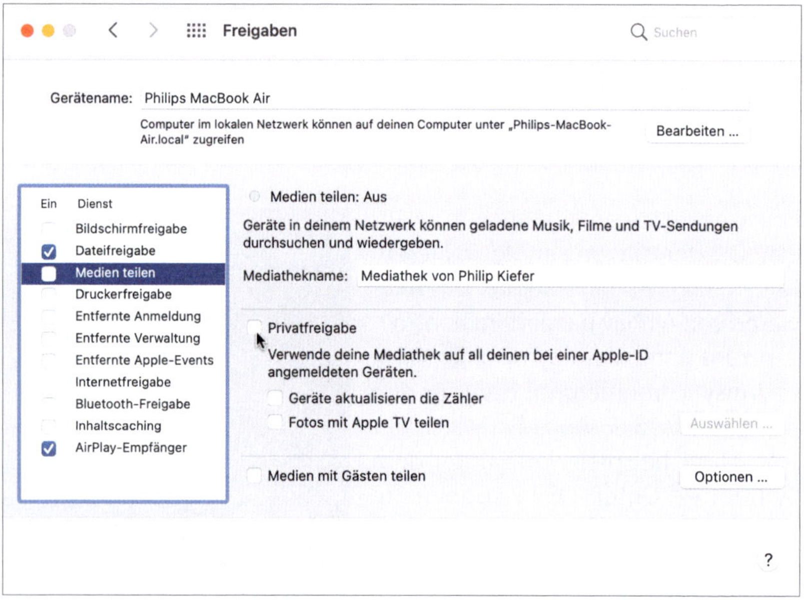

Hier wird die Privatfreigabe in den Systemeinstellungen eines MacBooks aktiviert

In iTunes auf einem Windows-PC klicken Sie dazu in der Menüleiste auf *Datei* und wählen *Privatfreigabe/Privatfreigabe aktivieren.*

In den *Systemeinstellungen* auf einem Mac klicken Sie dazu auf *Freigaben* und aktivieren unter *Medien teilen* das Kontrollkästchen *Privatfreigabe.*

Diese Abbildung zeigt den Zugriff auf die freigegebene Mediathek vom iPhone aus in der App Musik

Der Zugriff auf die freigegebene Mediathek erfolgt in der App *Musik* unter *Privatfreigabe*, in der App *TV* greifen Sie auf die freigegebene Mediathek in der Rubrik *Mediathek* zu.

Die Mediathek mithilfe des iPhones steuern

Auch andersherum geht was: Installieren Sie die kostenlose Apple-App *iTunes Remote*, um damit iTunes auf dem PC oder ein Apple TV mit dem iPhone fernzusteuern.

8. Mit dem iPhone jederzeit ins Web gehen und mailen

Mit dem iPhone ins Internet – für die meisten iPhone-Nutzer ist das längst Alltag. Aber schöpfen Sie bereits alle Funktionen aus, die das iPhone Ihnen in diesem Zusammenhang zu bieten hat? Dieses Kapitel zeigt Ihnen pfiffige Tipps und Tricks, beispielsweise das Herstellen einer Internetverbindung im Ausland, die mit iOS 15 eingeführten Tabgruppen in der App *Safari* oder die Formatieroptionen in der App *Mail*.

Internetnutzung im Ausland

Wenn Sie im Ausland telefonieren oder ins Internet gehen, werden unter Umständen Roaminggebühren fällig, die es – abhängig vom jeweiligen Land – in sich haben können.

Zumindest innerhalb der Europäischen Union gibt es diesbezüglich die gute Nachricht, dass seit dem Sommer 2017 Roaminggebühren innerhalb der Europäischen Union komplett entfallen, d. h., Sie können Ihren Handytarif nun EU-weit verwenden.

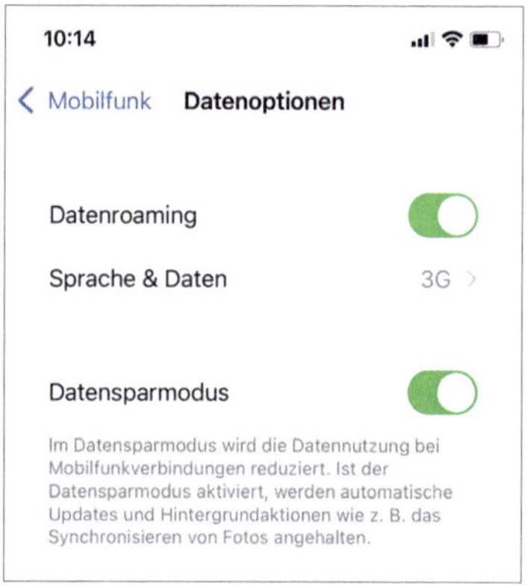

Datenroaming muss nicht unbedingt etwas kosten: Innerhalb der EU können Sie bereits seit einigen Jahren Ihren inländischen Handytarif weiterverwenden

Für die Internetnutzung im Nicht-EU-Ausland empfiehlt sich in jedem Fall eine Auslandsflatrate, wie sie inzwischen von den meisten Mobilfunkanbietern angeboten wird, etwa als Tages- oder Wochentarif. Fragen Sie Ihren Mobilfunkanbieter danach! Auf Ihrem iPhone ist das Datenroaming standardmäßig deaktiviert. Um es zu aktivieren, entscheiden Sie sich in den *Einstellungen* für *Mobilfunk* und aktivieren unter *Datenoptionen* die Option *Datenroaming.* Alles Weitere wird durch Ihren Mobilfunkvertrag geregelt. Je nach Tarif kann es sich anbieten, zusätzlich den *Datensparmodus* zu aktivieren.

Ach ja: Falls Sie in den *Einstellungen* unter *Mobilfunk* und dort unter *Netzauswahl* einen bestimmten Netzbetreiber festgelegt haben, müssen Sie diese Einstellung für die iPhone-Nutzung im Ausland anpassen.

Die Alternative zur mobilen Datennutzung im Ausland ist die Verbindung mit einem WLAN. WLANs gibt es an Flughäfen, in Hotels, in bestimmten Fast-Food-Restaurants und an vielen weiteren Orten. Das Herstellen einer WLAN-Verbindung erfolgt auch im Ausland wie gewohnt in den *Einstellungen* unter *WLAN.*

Ihr iPhone als WLAN-Hotspot einsetzen

Das iPhone kann selbst als Hotspot dienen, sofern Ihr Mobilfunkanbieter dies gestattet. So kommen Sie mit Ihrem Notebook unterwegs ins Internet, ohne auf weitere Anbieter angewiesen zu sein.

1 Öffnen Sie die *Einstellungen* und tippen Sie auf *Persönlicher Hotspot.*

2 Aktivieren Sie den Schalter *Zugriff für andere erlauben.* Ihnen wird ein automatisch generiertes WLAN-Passwort angezeigt, das Sie verwenden oder durch ein eigenes Passwort ersetzen können.

3 Wählen Sie das WLAN auf einem anderen Gerät aus und geben Sie das Passwort ein, um die Verbindung herzustellen.

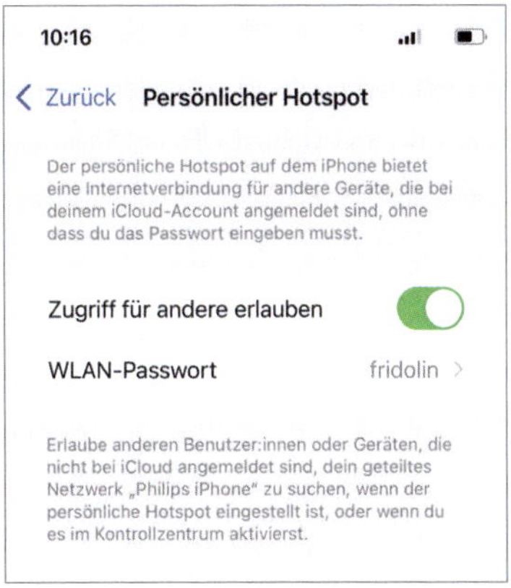

Die Internetverbindung kann übrigens nicht nur in einem WLAN übertragen werden, sondern auch per Bluetooth oder über eine USB-Verbindung.

Für die Verbindung mit dem Firmennetzwerk

Mit Ihrem iPhone lässt sich auch eine Verbindung zu einem VPN – einem virtuellen privaten Netzwerk, etwa einem Firmennetzwerk – herstellen. Zu diesem Zweck wählen Sie in den *Einstellungen* den Eintrag *Allgemein* und tippen anschließend unten auf *VPN und Geräteverwaltung*. Entscheiden Sie sich für *VPN* und dann für *VPN hinzufügen* und geben Sie die Zugangsdaten ein, die Sie vom Systemadministrator erhalten.

Die besten Funktionen fürs Surfen im Internet

Für das Surfen im Internet steht Ihnen auf dem iPhone die Browser-App *Safari* zur Verfügung. Diese App hat sich in den letzten Jahren immer mehr gemausert und wartet mit einer Menge nützlicher Funktionen auf. Die besten davon möchte ich Ihnen im Folgenden vorstellen.

Die neue Tabgruppenleiste kennenlernen – und ausblenden?

Wenn Sie bereits eine frühere Version der App *Safari* verwendet haben, wird Ihnen die neue Version unter iOS 15 zunächst ziemlich ungewohnt vorkommen: Statt der Adressleiste oben in der App ist unten in der App eine Tabgruppenleiste – offiziell nur »Tableiste« genannt – zu finden. Der Vorteil gegenüber der Adressleiste besteht darin, dass Sie innerhalb einer Tabgruppe durch seitliches Streichen die Webseiten wechseln können.

Die Tabgruppen sind ebenfalls eine Neuerung unter iOS 15. Mit dieser Funktion lassen sich beliebige Gruppen mit beliebigen Websites anlegen, die sich dann jeweils per Tabgruppen-Auswahl öffnen lassen.

Zur Auswahl einer Tabgruppe tippen Sie rechts unten in der App *Safari* auf das Symbol . Öffnen Sie dann unten in der Mitte das Menü. Nun können Sie eine vorhandene Tabgruppe auswählen bzw. eine neue Tabgruppe anlegen.

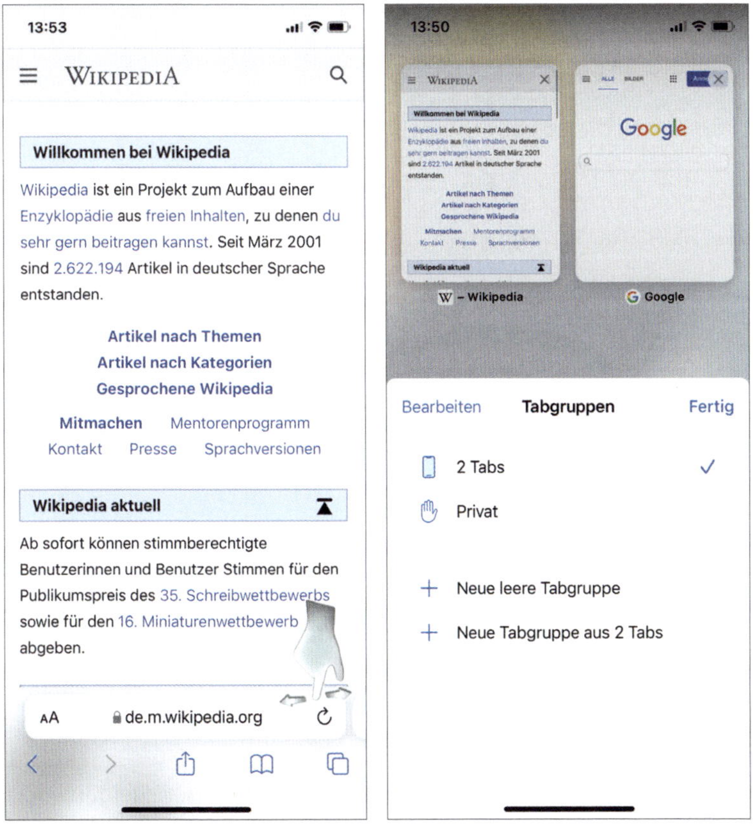

Erstellen Sie unter iOS 15 beliebige Tabgruppen und wechseln Sie zwischen den Tabs einer Gruppe in der »Tableiste«

Geben Sie der Tabgruppenleiste ruhig eine Chance, schon nach ein paar Tagen wird diese zur Gewohnheit. Und falls nicht, blenden Sie ganz einfach wieder die von früheren iOS-Versionen gewohnte Adressleiste ein. Dazu tippen Sie im Adressfeld auf das Symbol AA und entscheiden sich im dann geöffneten Menü für den Eintrag *Adressleiste oben anzeigen*.

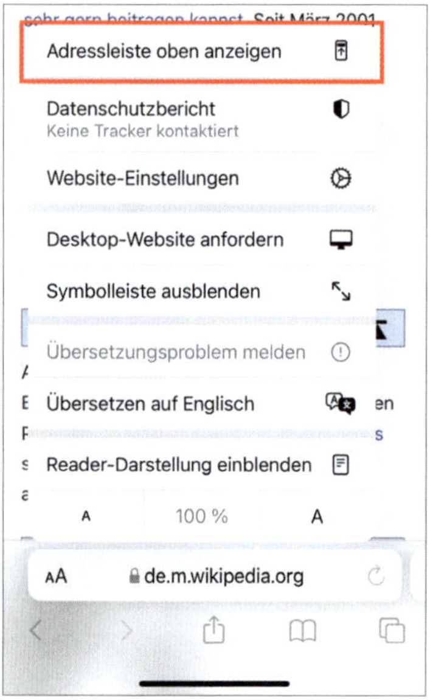

Ist die Tabgruppenleiste eine Neuerung, auf die Sie gern verzichten würden? Dann blenden Sie sie mit zwei Fingertipps aus

Suchen, was das Zeug hält

Das Suchfeld in Safari hat es buchstäblich in sich. Sie öffnen damit nicht nur Webadressen oder suchen mit der Suchmaschine, die Sie in den *Einstellungen* unter *Safari* festlegen, nach Webseiten zu bestimmten Themen. Sie können auch auf einer geöffneten Webseite sowie innerhalb eines kompletten Webauftritts suchen.

Für die Suche auf der gerade geöffneten Webseite tippen Sie ganz normal Ihren Suchbegriff in das Suchfeld ein. Ihnen wird daraufhin die Websuche nach diesem Begriff angeboten, außerdem werden gegebenenfalls Lesezeichen und Verlaufseinträge angezeigt, die den Begriff enthalten. Unterhalb dieser Liste finden Sie den Abschnitt *Auf dieser Seite*. Tippen Sie den Eintrag an, um auf der Webseite zu suchen. Der Suche innerhalb eines kompletten Webauftritts dient die *Schnelle Website-Suche*, die ich in Kapitel 4 bereits kurz erwähnt habe. Wenn Sie im Hinblick auf den Datenschutz keine Bedenken haben, kann Ihnen diese Suchfunktion sehr nützlich sein.

Das Prinzip ist einfach: Wenn Sie die Suchfunktion auf einer Website nutzen, merkt sich Safari den Anbieter und gestattet es zukünftig, die Suche auf dieser Website mit einem Kurzbefehl durchzuführen. Dazu müssen Sie lediglich den Kurzbefehl eingeben (= Domain des Anbieters) und den Suchbegriff folgen lassen. Einen Überblick über die verfügbaren Kurzbefehle mitsamt der Möglichkeit, einzelne Kurzbefehle zu löschen, erhalten Sie in den *Einstellungen* unter *Safari* und dort unter *Schnelle Website-Suche*.

Für die Suche müssen Sie den Text nicht unbedingt eintippen. Sie können auch per Spracheingabe suchen, indem Sie auf das Mikrofonsymbol im Adressfeld tippen. Wenn Sie in das leere Adressfeld tippen, wird Ihnen außerdem angeboten, Text mit der iPhone-Kamera einzuscannen und eine Websuche nach diesem Text zu starten.

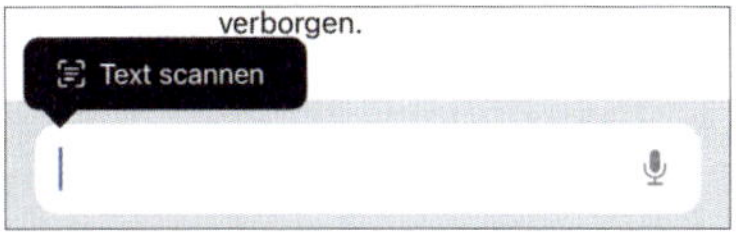

Für die Websuche ist nicht zwingend Tipparbeit erforderlich, sondern Sie können auch per Spracheingabe oder nach eingescanntem Text suchen

Download-Manager verwenden

Die Browser-App *Safari* verfügt über einen Download-Manager, d. h., Sie können nun ähnlich wie auf einem PC Dateien aus dem Internet herunterladen, indem Sie einen Download-Link antippen und *Laden* wählen. Standardmäßig werden die heruntergeladenen Dateien im iCloud Drive gespeichert, Sie können jedoch auch einen anderen Download-Ordner wählen. Dazu tippen Sie in den *Einstellungen* unter *Safari* auf den Eintrag *Downloads*. Bestimmen Sie anschließend den Speicherort, etwa *Auf meinem iPhone*.

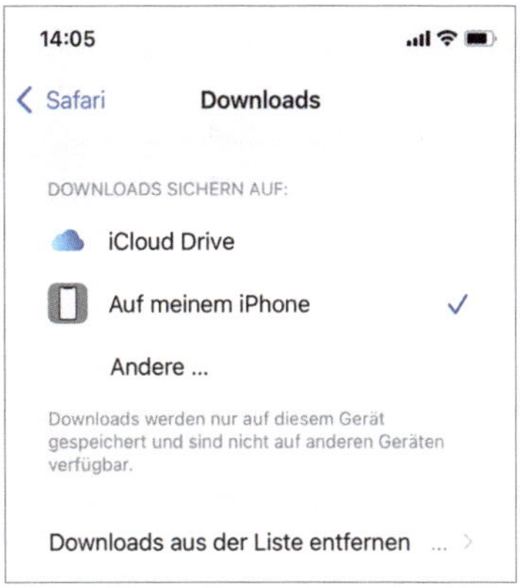

Entscheiden Sie sich in den Einstellungen für einen Speicherort für die mit Safari heruntergeladenen Dateien

Die Safari-Startseite einrichten

Ebenfalls unter iOS 15 hinzugekommen ist die anpassbare Startseite in der App *Safari*. Entscheiden Sie selbst, welche Informationen Sie auf der Startseite einblenden möchten, und versehen Sie diese mit einem ansprechenden Hintergrund. Und zwar folgendermaßen:

1 Streichen Sie die Startseite ganz nach unten und wählen Sie die Schaltfläche *Bearbeiten*.

2 Nun legen Sie per Schalter fest, welche Informationen angezeigt werden sollen und welche nicht.

3 Wünschen Sie außerdem einen bunten Hintergrund für die Startseite? Wählen Sie diesen durch Antippen aus. Möchten Sie ein eigenes Bild verwenden, tippen Sie auf den Plus-Button.

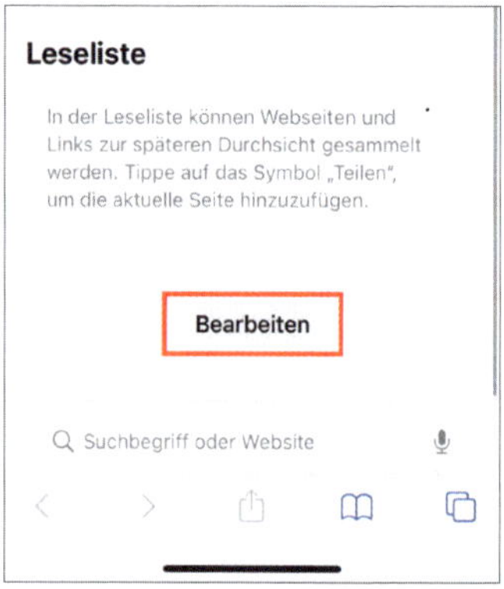

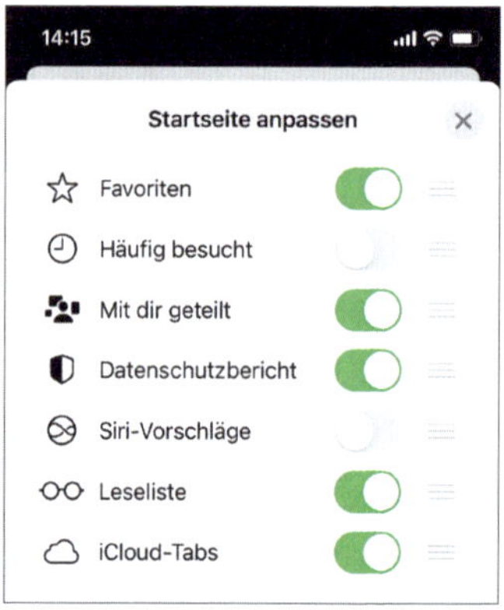

Weitere Optionen für die aufgerufenen Webseiten

Unter dem bereits kennengelernten Symbol AA im Safari-Adressfeld erhalten Sie, neben dem Datenschutzbericht (vgl. Kapitel 4) und der Option, zur gewohnten Adressleiste zu wechseln, noch weitere Optionen für die aufgerufenen Webseiten. Lassen Sie mich Ihnen diese in einem Überblick vorstellen:

- *Zoom:* Zunächst mal erhalten Sie eine Zoomoption, die Ihnen dabei helfen wird, auch Kleingedrucktes auf einer Webseite lesen zu können. Mit dem großen *A* vergrößern Sie die Anzeige; mit dem kleinen *A* verkleinern Sie die Anzeige.
- *Reader-Darstellung einblenden:* Sofern verfügbar, können Sie mit dieser Option die Reader-Ansicht einblenden. Sie sorgt für eine lesefreundliche Darstellung der Webseite und sorgt gleichzeitig dafür, dass störende Werbeeinblendungen verschwinden. Sie können zusätzliche weitere Anzeigeoptionen für die Webseite wählen.
- *Website übersetzen:* Übersetzen Sie eine aufgerufene Webseite mit dieser Funktion automatisch ins Deutsche bzw. in eine andere Sprache.
- *Symbolleiste ausblenden:* Blenden Sie per Fingertipp auf diese Option die Symbolleiste mit dem Adressfeld aus. Ein Fingertipp auf die Leiste oben blendet sie wieder ein.
- *Desktop-Website anfordern:* Sie möchten lieber die Desktop-Version einer gerade geöffneten mobilen Website betrachten? Hierfür wählen Sie diese Option. Beachten Sie aber, dass das nicht bei jeder Website klappt!

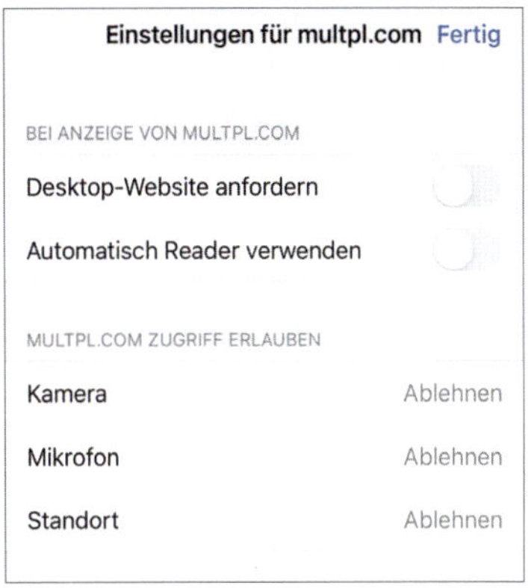

- *Website-Einstellungen:* Mit dieser Option können Sie schließlich verschiedene Einstellungen für einzelne Websites bestimmen. Legen Sie etwa fest, dass beim Öffnen der Website automatisch der Reader verwendet werden soll, und bestimmen Sie, welche Freigaben Sie für diese Website erlauben möchten. Die Einstellungen, die Sie hier tätigen, lassen sich später auch in den *Einstellungen* unter *Safari* im Abschnitt *Einstellungen für Websites* verwalten.

Kontakt- und Kreditkartendaten automatisch ausfüllen lassen

Im Hinblick auf Datenschutz und Sicherheit ist das Speichern von Kontakt- und Kreditkartendaten beim Surfen im Internet nur begrenzt ratsam. Doch ist es sehr bequem, und man muss die Daten dadurch nicht jedes Mal neu eintippen.

Um von dieser Funktion Gebrauch zu machen, aktivieren Sie in den *Einstellungen* unter *Safari* und dort unter *Autom. ausfüllen* die gewünschten Optionen. Unter *Gesicherte Kreditkarten* finden Sie eine Übersicht über die gespeicherten Daten und können einzelne Angaben entfernen.

Ihre Daten mit dem iCloud-Schlüsselbund auch auf anderen Geräten nutzen

Mithilfe der iCloud-Funktion *Schlüsselbund* lassen sich Ihre Daten sogar mit anderen Apple-Geräten synchronisieren. Um diese Funktion zu aktivieren, gehen Sie in die *Einstellungen* und wählen Ihren Account aus; tippen Sie dann auf *iCloud* und wählen Sie *Schlüsselbund*. Mehr zum Thema iCloud lesen Sie in Kapitel 9.

Perfekte Passwörter wählen

Wenn Sie sich auf Ihrem iPhone auf einer Website registrieren, werden Ihnen starke Passwörter vorgeschlagen, die Sie einfach auswählen können. Diese werden dann automatisch gespeichert. Auf Ihre gespeicherten Passwörter für Websites, aber auch für verschiedene Apps können Sie jederzeit in den *Einstellungen* unter *Passwörter* zugreifen. Passwörter von nicht mehr genutzten Websites können Sie dort löschen.

Per Symbol + lassen sich dort weitere Passwörter manuell hinzufügen. Beachten Sie auf der Passwortseite unbedingt die dortigen Sicherheitsempfehlungen!

Webseiten zum späteren Lesen offline speichern

Wenn Sie unterwegs interessante Artikel lesen möchten, muss dies nicht zulasten Ihres Datenvolumens gehen. Speichern Sie die Artikel einfach zuvor in einer (Offline-)Leseliste ab. Aktivieren Sie dazu zunächst in den *Einstellungen* unter *Safari* und dort im Abschnitt *Leseliste* die Option *Automatisch offline sichern*.

Um eine Webseite der Leseliste hinzuzufügen, öffnen Sie diese und tippen unten in Safari auf das Symbol. Entscheiden Sie sich für die Option *Zur Leseliste hinzufügen*. Die Leseliste können Sie entweder auf der Safari-Startseite einblenden. Oder Sie rufen die Leseliste auf, indem Sie unten in Safari auf das Symbol tippen.

Wählen Sie nun das Brillensymbol, um einen gespeicherten Artikel auswählen zu können. Links unterhalb der Leseliste finden Sie eine Option zum Umschalten zwischen allen Artikeln und den noch ungelesenen Artikeln.

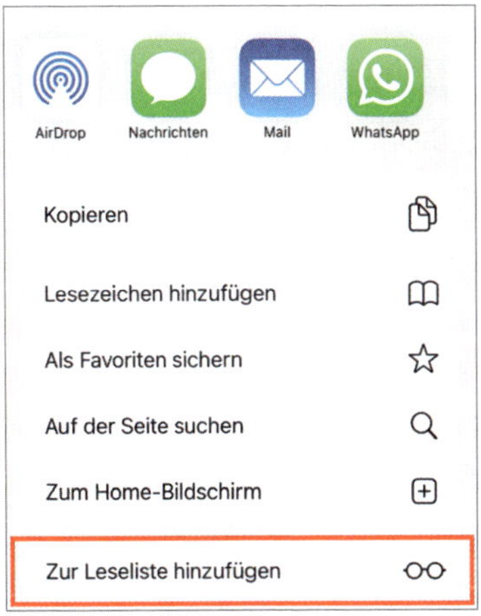

Mit zwei Handgriffen können Sie jede beliebige Webseite Ihrer Leseliste hinzufügen

Häufig genutzte Webseiten auf den Home-Bildschirm legen

Wenn Sie eine Webseite häufiger öffnen, können Sie dies direkt vom Home-Bildschirm aus tun. Die Webseite wird dann beim Antippen des Symbols auf dem Home-Bildschirm in einem neuen Tab geöffnet.

Zum Hinzufügen eines Symbols öffnen Sie die Webseite in Safari, tippen auf das Symbol ⍐ und wählen die Option *Zum Home-Bildschirm*. Achten Sie anschließend auf eine kurze App-Bezeichnung, bevor Sie mit *Hinzufügen* bestätigen – zu lange Bezeichnungen werden automatisch gekürzt.

E-Mails noch besser senden und empfangen

Auch die App *Mail* hat nützliche Funktionen zu bieten, die Sie auf dem iPhone zum Senden und Empfangen von E-Mails verwenden können. Das Einrichten eines E-Mail-Kontos erfolgt in den *Einstellungen* unter *Mail/Accounts*.

Empfehlenswert kann aber auch das Aktivieren von iCloud-Mail sein; dazu wählen Sie in den *Einstellungen* Ihren Account und dann *iCloud*. Auf das iCloud-E-Mail-Konto kann natürlich auch von einem anderen E-Mail-Account weitergeleitet werden.

Hier die besten Tipps und Tricks zum Thema Mail im Überblick:

- Verwenden Sie für besonders wichtige Kontakte eine Liste mit Postfachfavoriten. Die E-Mails in dieser Liste werden dann in einem eigenen Postfach gesammelt, und in den *Einstellungen* unter *Mitteilungen* und dort unter *Mail* können Sie individuelle Mitteilungsoptionen für die Postfachfavoriten festlegen. Zum Hinzufügen eines VIPs streichen Sie in der App *Mail* zur Postfachliste. Tippen Sie auf *VIP* und wählen Sie *VIP hinzufügen*. Wählen Sie den Postfachfavoriten aus Ihren Kontakten aus und wiederholen Sie den Vorgang gegebenenfalls für weitere Postfachfavoriten.

- Die Standardsignatur ändern: Standardmäßig wird an Ihre E-Mails die Signatur *Von meinem iPhone gesendet* gehängt. In den *Einstellungen* unter *Mail* und dort unter *Signatur* können Sie die Signatur entweder komplett löschen oder eine neue Signatur eingeben.
- Im Posteingang rufen Sie die verschiedenen Aktionen zu einer E-Mail schnell in einem Wischmenü auf: Tippen Sie auf die E-Mail und streichen Sie mit dem Finger nach links, um eine Option zum Löschen, zum Markieren usw. zu erhalten. Wenn Sie einfach nach links weiterwischen, wird die betreffende E-Mail gelöscht.
- Zum Durchsuchen Ihrer E-Mails ziehen Sie gegebenenfalls zunächst im Posteingang von oben nach unten, um das Suchfeld einzublenden.

  Geben Sie dann ein, wonach Sie suchen – es werden sowohl Inhalte als auch Personen gesucht. Übrigens können Sie auch mehrere Suchbegriffe miteinander verknüpfen.

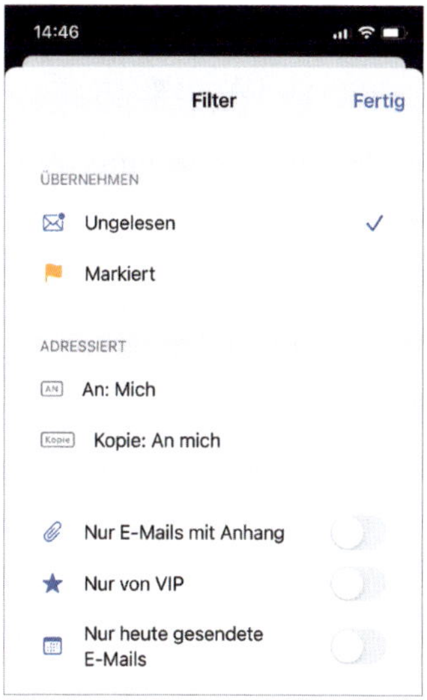

- Praktisch ist die Filterfunktion in der App *Mail*. Tippen Sie links unten auf das Symbol ⊜, um den Filter ein- oder auszuschalten. Standardmäßig erfolgt ein Filter nach ungelesenen E-Mails, Sie können den Filter aber auch antippen, um einen anderen Filter auszuwählen.
- E-Mails formatieren und Anhänge hinzufügen: Auch dazu bietet die App *Mail* einige Optionen. Markieren Sie Text per Doppeltipp darauf, um die Formatieroptionen einzublenden. Sie können auch Aufnahmen aus der App *Fotos* sowie Dateien aus der App *Dateien* einfügen. Auch das Aufnehmen neuer Bilder ist möglich.

Die Leiste mit den Formatieroptionen ist ausgeblendet?

Um die Leiste mit den Formatieroptionen einzublenden, tippen Sie ins Textfeld der E-Mail. Anschließend tippen Sie oberhalb der iPhone-Tastatur auf den Pfeil rechts neben den Wortvorschlägen.

Andere Mail-App als Standard verwenden

In diesem Fall habe ich Gmail als Standard-Mail-App festgelegt

Sie können übrigens auch eine andere Mail-App als Standard für E-Mails sowie eine andere Browser-App als Standard zum Öffnen von Websites festlegen.

Wenn Sie z. B. in einer App eine E-Mail an den Support schreiben möchten, wird dann die von Ihnen gewählte Mail-App verwendet. Und wenn Sie in einer Nachricht einen Link antippen, wird die entsprechende Webadresse in der von Ihnen konfigurierten Browser-App geöffnet. Voraussetzung ist, dass Sie die entsprechende App bereits installiert haben. Das Festlegen als Standard erfolgt in den Einstellungen der jeweiligen App.

9. Setzen Sie den Onlinespeicherdienst iCloud optimal ein

Verschiedene Funktionen von Apples Onlinespeicherdienst iCloud haben Sie in diesem Buch bereits kennengelernt, beispielsweise die iCloud-Fotofreigabe oder die kostenpflichtigen »iCloud+«-Optionen.

In diesem Kapitel möchte ich zum Thema iCloud nachlegen, denn iCloud bietet noch weitere Funktionen – sei es zum Sichern Ihrer Daten, zum Datenaustausch mit anderen Geräten und Personen oder zum Auffinden eines verloren geglaubten iPhones. Die besten Tipps und Tricks dazu finden Sie in diesem Kapitel.

Den iCloud-Speicher jederzeit im Griff

Bei Redaktionsschluss stellte Apple pro Apple-ID 5 GByte iCloud-Speicherplatz kostenlos zur Verfügung. Wenn Sie iCloud mit mehreren Apple-Geräten nutzen und Ihre Backups hochladen, ist dieser Speicherplatz unter Umständen schnell voll – und mehr Speicher kostet. Deshalb gilt es, von Anfang an wichtige Tipps zu beachten.

Zunächst mal wählen Sie in den *Einstellungen* oben Ihren Benutzernamen und entscheiden dann unter *iCloud*, welche iCloud-Funktionen Sie wirklich benötigen. Besonders beim Hochladen von Aufnahmen sollten Sie, was den Speicherbedarf betrifft, auf der Hut sein.

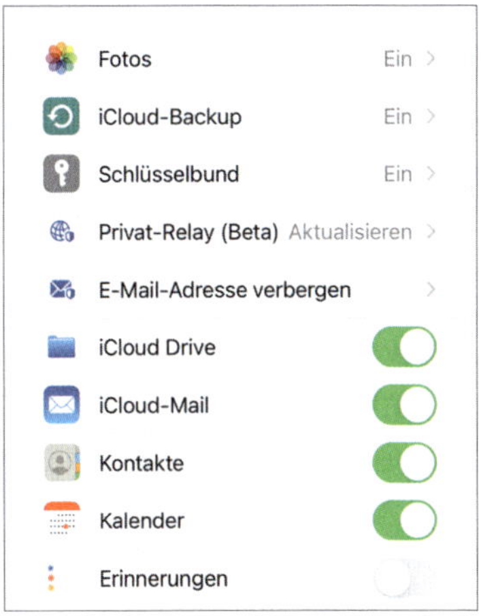

In den meisten Fällen entscheiden Sie einfach per Schalter, welche Daten Sie in iCloud speichern möchten und welche nicht

Unter *Fotos* bestimmen Sie, ob neue Fotos automatisch in den iCloud-Speicher geladen werden sollen (Option *Mein Fotostream*) oder ob Sie gar die ganze Fotomediathek in die Cloud laden möchten (Option *iCloud-Fotos*).

Auch Dateien, die Sie im *iCloud Drive* speichern, können – je nach Art der Dateien – viel Speicher in Anspruch nehmen. Das haben Sie aber selbst im Griff.

Die anderen Daten wie Kontakte, Kalender, Safari-Daten (Lesezeichen und iCloud-Tabs), Notizen und Co. nehmen nicht viel Speicherplatz in Anspruch, sodass Sie hier rein nach Bedarf entscheiden.

Achtung: App-Inhalte können das iCloud-Backup aufblähen!

In einem iCloud-Backup – Sie aktivieren es in den *Einstellungen*, indem Sie dort Ihren Account wählen und sich dann unter *iCloud* für den Eintrag *iCloud-Backup* entscheiden und den gleichlautenden Schalter auf *Ein* stellen – werden nicht nur Einstellungen gesichert, sondern auch Inhalte, die nach einer Wiederherstellung erneut zur Verfügung stehen sollen.

Wenn Sie nun aber beispielsweise eine Video-App auf Ihrem iPhone installieren und einige Videos darin laden, kann dies dazu führen, dass der iCloud-Speicherplatz rasch belegt ist.

Wählen Sie deshalb aus, welche Daten in das iCloud-Backup aufgenommen werden sollen, und zwar so:

1 Öffnen Sie die *Einstellungen*, wählen Sie Ihren Benutzernamen und dann *iCloud*; tippen Sie anschließend unterhalb der grafischen Speicherübersicht auf *Speicher verwalten*.

2 Wählen Sie in der folgenden Übersicht den Eintrag *Backup*.

3 Tippen Sie im Abschnitt *Backups* auf das iCloud-Backup Ihres iPhones. Sie erhalten eine Übersicht über die Daten, die im iCloud-Backup gespeichert werden, und zwar sortiert nach der Speichergröße. Deaktivieren Sie den Schalter bei denjenigen Daten, die nicht gesichert werden müssen – etwa, weil Sie Filme ohnehin schon auf dem PC gesichert haben.

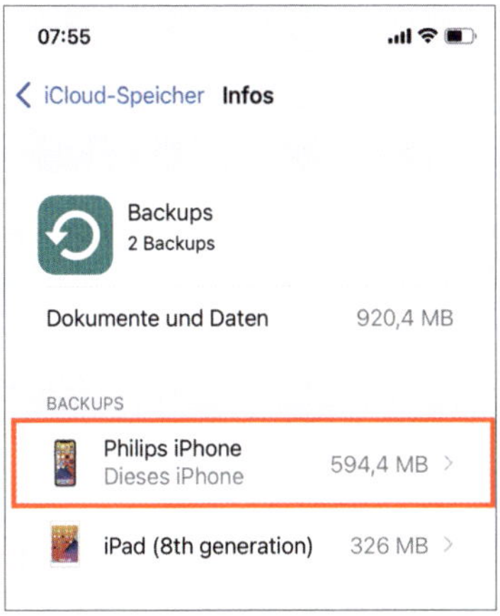

Ein iCloud-Backup wird übrigens nur durchgeführt, wenn Sie das iPhone ans Stromnetz angeschlossen haben und ein WLAN zur Verfügung steht. Nur am Anfang werden alle Daten hochgeladen, bei weiteren Backups lediglich die jeweiligen Änderungen.

Mit der Dateien-App mehrere Cloud-Speicher verwalten

Wer seine Dateien bei verschiedenen Cloud-Anbietern auslagert, kann mit der App *Dateien* darauf zugreifen. Voraussetzung ist, dass Sie die jeweilige App des Cloud-Anbieters auf dem iPhone installiert und in der App *Dateien* als Speicherort aktiviert haben. Die folgende Anleitung zeigt Ihnen, wie Sie zunächst eine Datei in der App *Dateien* sichern und anschließend darauf zugreifen.

1 Wählen Sie beispielsweise in der App *Fotos* eine Fotoaufnahme aus, tippen Sie auf das Symbol und entscheiden Sie sich nun für die Option *In Dateien sichern*.

2 Legen Sie den gewünschten Cloud-Anbieter fest und bestimmen Sie gegebenenfalls noch den Cloud-Ordner, in dem die Datei gespeichert werden soll. Bestätigen Sie mit *Sichern*.

3 Um auf die gespeicherte Datei zuzugreifen, tippen Sie auf der zweiten Seite des Home-Bildschirms auf die App *Dateien*.

4 Wählen Sie in der App *Dateien* den entsprechenden Cloud-Anbieter aus. Schon erhalten Sie Zugriff auf die Datei. Das Herunterladen einer in der Cloud gespeicherten Datei erfolgt durch Antippen derselben.

Um auch bei vielen in der App *Dateien* gespeicherten Dateien schnell die benötigte Datei zu finden, stehen einige pfiffige Funktionen zum Suchen und Verwalten zur Verfügung. Tippen Sie beispielsweise links unten auf *Verlauf*, um die Dateien in einer chronologischen Übersicht zu betrachten. Um nach einer bestimmten Datei zu suchen, tippen Sie in das Suchfeld und geben einen Suchbegriff ein, um passende Dateien angezeigt zu bekommen.

Speicherorte in der Dateien-App ein- oder ausblenden

Möchten Sie Dateien von bestimmten Speicherorten ein- oder ausblenden, blättern Sie in der Rubrik *Durchsuchen* nach links zur Speicher-Übersicht.

Tippen Sie nun rechts oben auf das Symbol und wählen Sie im Menü *Bearbei-*

ten. Die einzelnen Speicherorte werden per Schalter aktiviert bzw. deaktiviert.

Dateien taggen

In der App *Dateien* lassen sich Dateien durch Tags kennzeichnen. Der Vorteil von Tags: Sie können ein und dieselbe Datei mehreren Kategorien zuweisen, ohne ihren Speicherort zu verwenden. Um eine Datei zu taggen, halten Sie diese gedrückt und wählen im Kontextmenü den Eintrag *Tags*.

Ordner erstellen und Dateien hineinbewegen

Auch klassische Ordner lassen sich in der App *Dateien* anlegen, um Ihre Dateien thematisch zu sortieren und einzuordnen. Um einen neuen Ordner auf iCloud Drive zu erstellen, tippen Sie auf eine freie Fläche des Speicherorts und wählen im sich öffnenden Menü den Eintrag *Neuer Ordner.* Um eine Datei in den Ordner zu bewegen, halten Sie die Datei am ursprünglichen Speicherort gedrückt, wählen im Menü den Eintrag *Bewegen* und entscheiden sich für den gewünschten Ordner.

Dateien komprimieren

In der App *Dateien* lassen sich mehrere Dateien in einem ZIP-Archiv komprimieren. Dazu wählen Sie die Dateien zunächst aus (tippen Sie dazu unter dem Symbol ⊙ auf *Auswählen*) und tippen dann – in diesem Fall rechts unten – auf das Symbol ⊙.

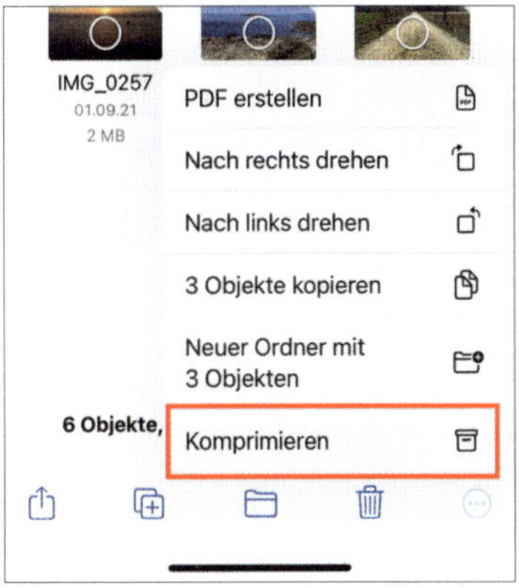

Wählen Sie im sich öffnenden Menü den Eintrag *Komprimieren*. Das ZIP-Archiv wird daraufhin prompt erstellt.

Auf iCloud Drive im Finder bzw. Windows-Explorer zugreifen

Für den schnellen Datenaustausch zwischen Ihrem iPhone und dem PC bietet sich ebenfalls *iCloud Drive* an, wobei Ihnen der gleichlautende Eintrag in der Seitenleiste des Finders auf dem Mac bereits zur Verfügung steht.

Auf einem Windows-PC können Sie diesen Eintrag im Windows-Explorer herzaubern, indem Sie im integrierten Microsoft Store die kostenlose Apple-App *iCloud* herunterladen, sich mit Ihrer Apple-ID anmelden und die Option *iCloud Drive* aktivieren.

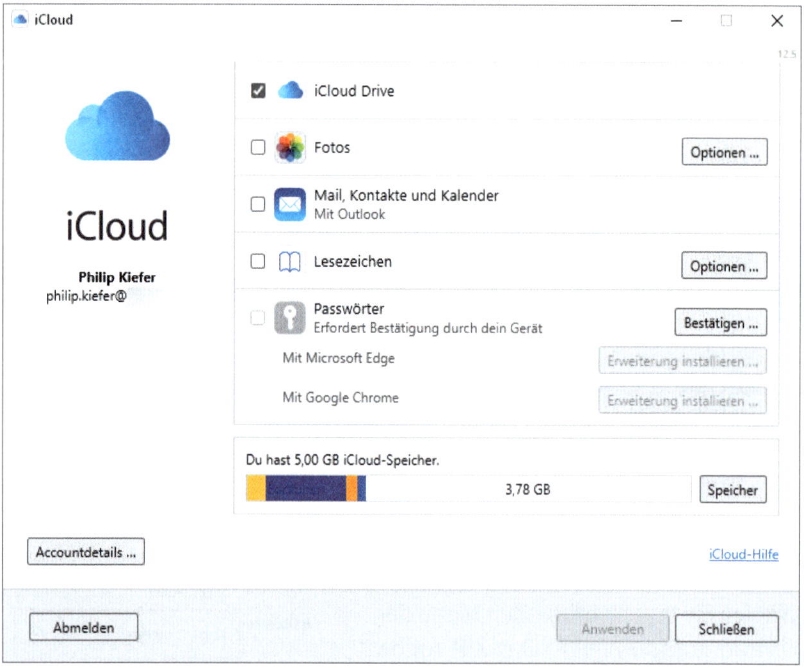

Verschiedene iCloud-Funktionen, darunter iCloud Drive, lassen sich auch auf einem Windows-PC nutzen

Im Web auf iCloud-Daten zugreifen

Auf Ihre in iCloud gespeicherten Daten können Sie außerdem von überall her im Webbrowser zugreifen. Hierzu öffnen Sie die Webadresse www.icloud.com und melden sich dort mit Ihrer Apple-ID an.

Ihnen stehen verschiedene Web-Apps für den Zugriff auf die Daten zur Verfügung. Auch Webversionen der Apps *Pages*, *Numbers* und *Keynote* stehen bereit.

Auch mit Web-Apps können Sie auf Ihre in iCloud gespeicherten Daten zugreifen

Ihr verloren geglaubtes iPhone übers Internet orten

Was Sie ebenfalls auf der iCloud-Website finden, ist die Web-App *iPhone-Suche*. Diese erlaubt es, Ihr iPhone übers Internet zu orten – Voraussetzung ist lediglich, dass auf dem iPhone die Option *Mein iPhone suchen* aktiviert ist (hierzu unter *Einstellungen* auf Ihren Benutzernamen tippen und dann *Wo ist?* wählen) und dass das iPhone eingeschaltet ist. Natürlich darf es sich auch nicht im Flugmodus befinden.

Die Option *Mein iPhone suchen* bringt den zusätzlichen Vorteil, dass ein iPhone bei aktivierter Option nicht zurückgesetzt werden kann, ohne dass das zur Apple-ID gehörende Passwort eingegeben wird. Das schafft zusätzliche Sicherheit.

Zum Orten klicken Sie unter www.icloud.com auf die Web-App *iPhone-Suche*. Geben Sie noch mal das zu Ihrer Apple-ID gehörende Passwort ein. Schon werden Ihnen die georteten Apple-Geräte auf einer Karte angezeigt. Wählen Sie das iPhone oben unter *Alle Geräte* aus.

Es öffnet sich ein Fenster mit mehreren Optionen: um auf dem iPhone einen Signalton wiederzugeben, es aus der Ferne mit einer Code-Sperre zu versehen oder das iPhone im Notfall komplett zu löschen.

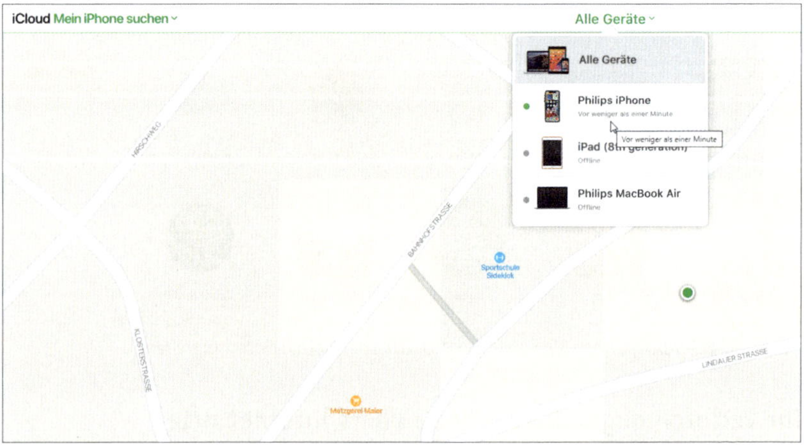

Sie können Ihr iPhone nicht nur übers Internet orten, sondern im Notfall auch löschen

Dank Familienfreigabe: Einkäufe gemeinsam nutzen

Unter Umständen viel Geld sparen lässt sich mit der Familienfreigabe. Diese ermöglicht es bis zu sechs Personen, auf dieselben Einkäufe zuzugreifen. Voraussetzung ist allerdings, dass der »Organisator« seine Kreditkarte zur Verfügung stellt, über die alle Käufe abgewickelt werden – Kinder müssen Käufe aber erst von einem Erziehungsberechtigten autorisieren lassen.

Wenn Sie der Organisator einer Familienfreigabe sein möchten, tippen Sie zunächst in den *Einstellungen* auf oben auf Ihren Benutzernamen und fügen unter *Zahlung & Versand* eine Kreditkarte hinzu.

Um die Familienfreigabe zu konfigurieren, wählen Sie in den *Einstellungen* ebenfalls Ihren Account, tippen auf *Familienfreigabe* und folgen den Anweisungen auf dem Display.

Folgen Sie den Anweisungen des Assistenten, um die Familienfreigabe zu konfigurieren und die einzelnen Familienmitglieder einzuladen

10. Die besten Tipps und Tricks zu weiteren Funktionen und Apps

In diesem letzten Kapitel des Buches habe ich noch viele weitere tolle Tipps und Tricks für Sie gesammelt, die sowohl die Standardfunktionen als auch die Standard-Apps auf Ihrem iPhone betreffen. Machen Sie sich etwa mit den Funktionen der neuen App *Übersetzen* vertraut, lernen Sie neue Funktionen in der App *Health* kennen, entdecken Sie wichtige Optionen der App *Karten*, sortieren Sie Ihre Sprachmemos in Ordnern, beseitigen Sie störende Kennzeichenzähler, nutzen Sie AirDrop für den drahtlosen Datenaustausch und noch einiges mehr.

Das iPhone als Simultanübersetzer einsetzen

Unter iOS 15 erhalten Sie eine systemweite Übersetzungsfunktion, d. h., Sie können markierte Begriffe in den unterschiedlichsten Apps übersetzen lassen. Außerdem steht Ihnen eine App für die Simultanübersetzung zur Verfügung, nämlich die App *Übersetzen*. Mit dieser können Sie gesprochenen oder geschriebenen Text in elf Sprachen übersetzen. Die Sprachen wählen Sie – im Hochformat – oben in der App aus. Um Text per Sprache einzugeben, tippen Sie auf das Mikrofonsymbol, alternativ wählen Sie *Text eingeben*.

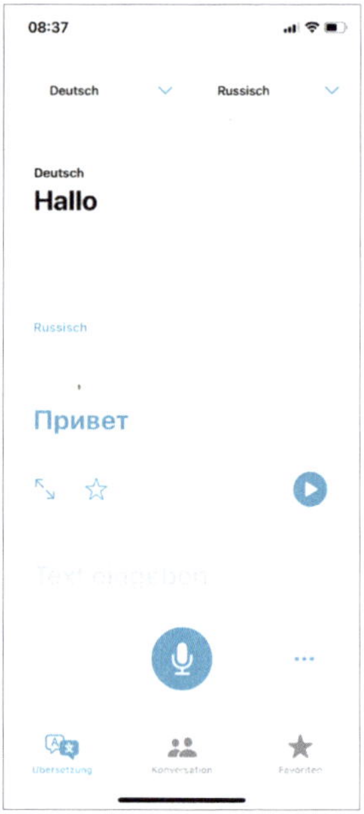

Wählen Sie die gewünschte Sprache aus und übersetzen Sie drauflos

Häufig genutzte Sätze fügen Sie mit dem Symbol ☆ Ihren Favoriten hinzu – auf diese Weise können Sie einen richtigen kleinen Sprachführer erstellen.

Für den Unterhaltungsmodus entscheiden Sie sich unten in der App für die Rubrik *Konversation*.

Im Gegensatz zu vielen Übersetzungs-Apps, die im App Store zum Download angeboten werden, lassen sich mit der App *Übersetzen* auch Offline-Übersetzungen, also Übersetzungen ohne Internetverbindung, durchführen. Dazu aktivieren Sie in den *Einstellungen* unter *Übersetzen* den Schalter *Modus „Auf dem Gerät"*.

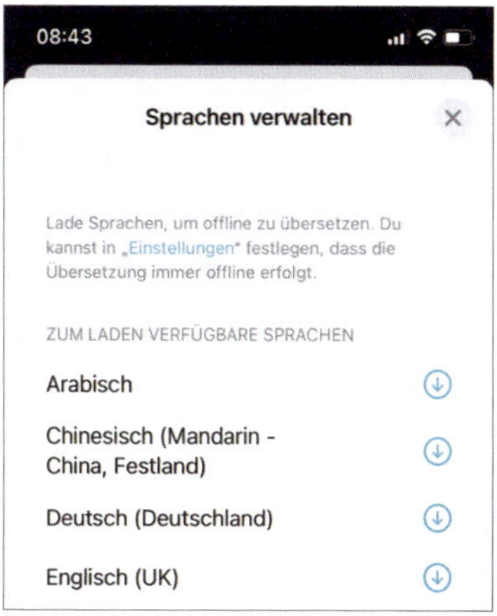

Laden Sie eine Übersetzungssprache durch Antippen auf das iPhone herunter, um diese offline verfügbar zu machen

Die Sprachdateien laden Sie direkt in der App *Übersetzen* herunter, indem Sie oben bei einer Sprache auf den Dropdown-Pfeil tippen, *Sprachen verwalten* wählen und dann im Abschnitt *Zum Laden verfügbare Sprachen* eine gewünschte Sprache antippen.

Ihre Gesundheit mit der App Health stets im Blick

Sie finden auf Ihrem iPhone die App *Health*, die der Verwaltung der verschiedensten Gesundheitsdaten dient und solche Daten auch aus anderen Apps übernehmen kann, etwa der App Ihres Fitnesstrackers. Integriert ist außerdem ein Notfallpass, auf den in einer Ausnahmesituation vom Sperrbildschirm aus zugegriffen werden kann. Im Notfallpass teilen Sie Ihren Rettern mit, wer im Notfall informiert werden soll, ob Sie Organspender sind oder nicht, welche Blutgruppe Sie haben usw. Unter iOS 15 sind in der App *Health* einige neue Funktionen hinzugekommen. So lässt sich jetzt mithilfe eines Messwerts auch Ihr Sturzrisiko einschätzen, die neue Rubrik *Teilen* erlaubt das einfache Teilen von Gesundheitsdaten mit anderen Personen, und eine Trendanalyse in der *Übersicht* gibt Auskunft darüber, ob Sie gesundheitlich auf dem richtigen Weg sind oder ob Veränderungen notwendig wären.

Unter anderem neu in der App Health: eine Rubrik zum Teilen von Gesundheitsdaten sowie eine Trendanalyse

Im Ernstfall schnell einen Notruf abgeben

Eine Notfall-Funktion auf Ihrem iPhone erlaubt es, auf den Notfallpass zuzugreifen sowie mit wenigen Handgriffen einen Notruf zu tätigen. Um diese Optionen aufzurufen, werden die Seitentaste sowie eine der Lautstärketasten zwei Sekunden gedrückt gehalten. In den *Einstellungen* unter *Notruf SOS* können Sie zudem festlegen, dass ein Notruf auch durch fünfmaliges Drücken der Seitentaste abgegeben wird.

Karten-App in neuem Design

Sie werden die App *Karten* auf Ihrem iPhone sicherlich häufig verwenden. Unter iOS 15 erstrahlt diese in neuem Design und zeigt mehr Details für Autofahrer an, aber auch detailliertere Informationen für Nutzer des öffentlichen Nahverkehrs.

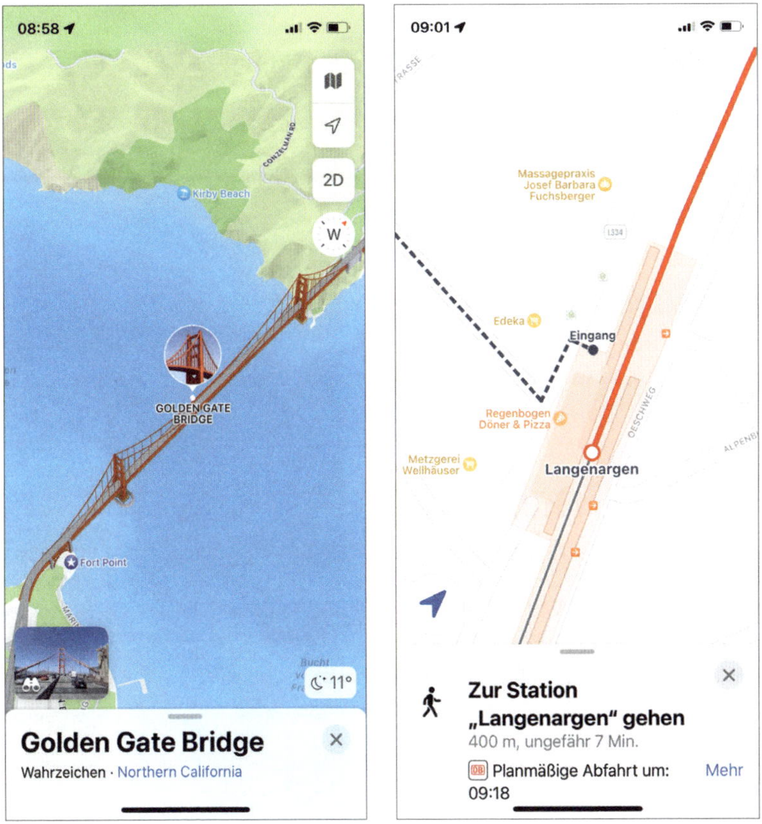

Die unter iOS 15 neu designte Karten-App bietet mehr Details und ÖPNV-Informationen

Integrierter Blitzer-Warner

Auch ein Blitzer-Warner ist in die App *Karten* integriert, der Sie während der Navigation über Blitzer und Radarfallen auf Ihrer Strecke informieren soll. Selbstverständlich steht diese Funktion aber nur in Ländern zur Verfügung, in denen das Warnen vor Blitzern und Radarfallen legal ist. Deutschland zählt nicht dazu.

Flughäfen und andere Gebäude innen erkunden

Übrigens: In der App *Karten* lässt sich auch Kartenmaterial von Flughäfen oder großen Einkaufszentren finden, d. h., Sie können sich auch im Inneren von Gebäuden zu einem Ziel führen lassen.

Rufen Sie dazu ein verfügbares Gebäude auf, etwa einen Terminal des Frankfurter Flughafens, und wählen Sie die Option *Hineinschauen*.

Detailliertere Infos in der Wetter-App

Ebenfalls neu designt wurde die App *Wetter*. Wenn Sie diese öffnen, erhalten Sie auf unterschiedlichen »Karten« detaillierte Informationen zur aktuellen Wetterlage an Ihrem momentanen Standort bzw. einem von Ihnen ausgewählten anderen Ort.

Unter iOS 15 wurden der Wetter-App »Karten« mit Detailinfos zur aktuellen Wetterlage spendiert

Kontakte und Termine perfekt verwalten

Das iPhone ist nicht nur ein idealer Reisebegleiter, sondern auch der perfekte Organizer. Lassen Sie mich Ihnen auf den nächsten Seiten einige besonders praktische Tipps vorstellen, die Ihnen beim Verwalten Ihrer Kontakte und Termine dienlich sein werden.

Beziehungen definieren

Wenn Sie Siri verwenden, kann es sich anbieten, dem iPhone mitzuteilen, welcher Ihrer Kontakte in welcher Form mit Ihnen verwandt ist. Sie brauchen Siri dann beispielsweise nicht mehr den Befehl »Ruf Margot Mustermann an« zu geben, sondern Sie sagen schlicht: »Ruf meine Schwester an«. Hierzu gehen Sie wie folgt vor:

1. Öffnen Sie die App *Telefon* und wählen Sie *Kontakte* (bzw. öffnen Sie alternativ die App *Kontakte*).
2. Tippen Sie Ihren eigenen Namen an und entscheiden Sie sich rechts oben für *Bearbeiten*.
3. Streichen Sie nach unten und wählen Sie *Zugehörigen Namen hinzufügen*.

4. Tippen Sie auf das blaue Etikett und legen Sie fest, welche Beziehung Sie bestimmen möchten (Mutter, Vater, Partner, Vorgesetzter usw.).
5. Tippen Sie schließlich auf das Symbol ⓘ, um die entsprechende Person aus Ihren Kontakten auszuwählen. Bestätigen Sie mit *Fertig*.

Doppelte Kontakte verknüpfen

Gerade bei der Synchronisierung mit unterschiedlichen Quellen kann es schnell passieren, dass ein Kontakt doppelt vorliegt. Um zwei Kontakte zusammenzuführen, werden diese auf dem iPhone verknüpft. Tippen Sie bei einem Kontakt dazu wiederum auf *Bearbeiten* und streichen Sie ganz nach unten. Wählen Sie *Kontakte verknüpfen* und suchen Sie anschließend den zu verknüpfenden Kontakt aus Ihren Kontakten aus.

Animoji als Kontaktbild

Wenn Sie einen Kontakt erstellen bzw. diesen bearbeiten und auf *Foto hinzufügen* tippen, können Sie nicht nur ein Foto aus Ihren Aufnahmen auswählen, sondern dem Kontakt ebenso ein passendes Animoji zuweisen.

Sortier- und Anzeigereihenfolge in Einklang bringen

Standardmäßig werden die Kontakte auf dem iPhone nach Nachnamen sortiert, jedoch nach Vornamen angezeigt. Sicher bin ich nicht der Einzige, den das irritiert.

Passen Sie die Anzeigefolge in den Kontakten Ihren Bedürfnissen an

Die Anzeigereihenfolge lässt sich ganz leicht der Sortierreihenfolge anpassen. Entscheiden Sie sich dazu in den *Einstellungen* für *Kontakte*. Tippen Sie dort auf den Eintrag *Anzeigefolge*. Wählen Sie die Anzeigefolge *Nach-, Vorname*.

Unterschiedliche Kontaktquellen verwalten

Wenn Sie auf Ihrem iPhone mehrere Kontaktquellen nutzen, lassen sich einzelne Quellen aus- und einblenden. Dazu tippen Sie links oben in der App *Telefon* unter *Kontakte* bzw. in der App *Kontakte* auf *Gruppen*. Ihnen werden die verfügbaren Kontaktquellen aufgelistet, und Sie können diese durch Antippen ausblenden bzw. wieder einblenden.

Termine noch schneller erstellen

Um einen Termin in der App *Kalender* superschnell zu erstellen, halten Sie einfach ein Kalenderfeld gedrückt. Anschließend geben Sie die Details zum Termin an. Ein Termin lässt sich mit dem Finger auch an eine andere Position ziehen.

Anhang hinzufügen

Möchten Sie einem geschäftlichen Termin eine To-do-Liste hinzufügen? Dazu tippen Sie beim Erstellen eines Termins auf den Eintrag *Anhang hinzufügen* und wählen den Dateianhang anschließend in der App *Dateien* aus.

Standardhinweise festlegen

Damit Sie bei neuen Terminen nicht jedes Mal extra eine Erinnerung festlegen müssen, richten Sie einen Standardhinweis ein, der Ihren neuen Terminen automatisch hinzugefügt wird. Öffnen Sie dazu die iPhone-Einstellungen und wählen Sie *Kalender*. Tippen Sie anschließend auf *Standardhinweise* und machen Sie Ihre Angaben.

Kalenderwochen einblenden

Besonders für die Arbeitsplanung wichtig: Kalenderwochen. Diese lassen sich in der App *Kalender* einblenden. Aktivieren Sie dazu in den iPhone-Einstellungen unter *Kalender* die Option *Kalenderwochen*.

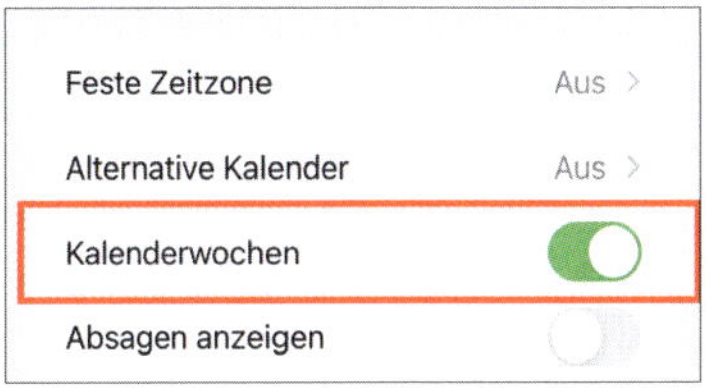

Nützlich bei der Terminplanung: Blenden Sie die Kalenderwochen ein

Feste Zeitzone nutzen

Das kann auf Reisen nützlich sein: Aktivieren Sie im Abschnitt *Kalender* unter *Feste Zeitzone* die gleichnamige Option, um zu verhindern, dass die erstellten Termine automatisch der jeweils aktuellen Zeitzone angepasst werden.

Mitteilungen in einer geplanten Übersicht bündeln

Sie werden von einer App jeweils gefragt, ob sie Ihnen Hinweise senden darf. Das Mitteilungsverhalten einer App lässt sich aber auch noch nachträglich konfigurieren. Öffnen Sie dazu die *Einstellungen* und wählen Sie *Mitteilungen*. Zum Ändern des Mitteilungsverhaltens einer App tippen Sie die App an. Manchmal nerven besonders die »Kennzeichen«. Deaktivieren Sie die gleichlautende Option, um das Kennzeichen bei einer App zu entfernen. Unter iOS 15 lassen sich Mitteilungen außerdem in einer »geplanten Übersicht« zusammenfassen. Zum Einrichten gehen Sie wie folgt vor:

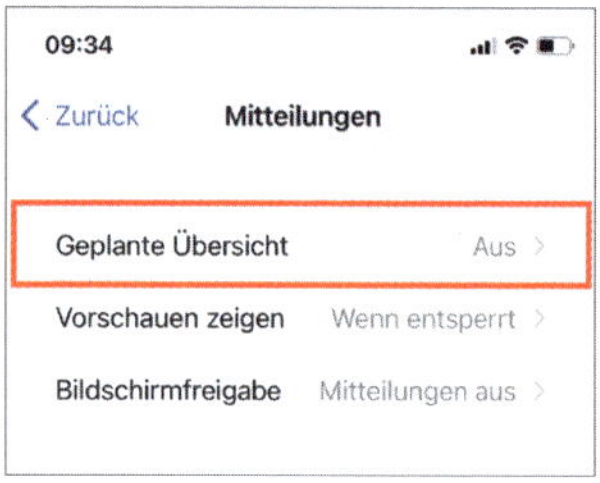

1 Entscheiden Sie sich in den *Einstellungen* Ihres iPhones für den Eintrag *Mitteilungen*.

2 Tippen Sie nun oben auf *Geplante Übersicht*.

3 Aktivieren Sie den gleichlautenden Schalter und tippen Sie auf *Fortfahren*.

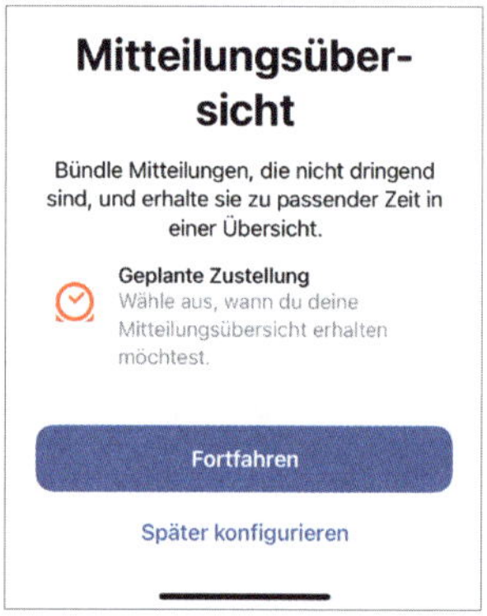

4 Wählen Sie nun einfach die Apps aus, deren Mitteilungen in einer Übersicht zusammengefasst werden sollen, und bestätigen Sie mit *Apps hinzufügen*.

5 Legen Sie eine oder mehrere Zeiten fest, zu denen Sie die Mitteilungszusammenfassungen erhalten möchten.

6 Bestätigen Sie mit *Mitteilungsübersicht aktivieren*.

Die *Geplante Übersicht* betrifft tatsächlich nur die Mitteilungen. Nachrichten und E-Mails, die Sie erhalten, werden auch außerhalb der geplanten Zeiten zugestellt – nur eben gegebenenfalls, ohne dass Sie einen Hinweis von Ihrem Smartphone erhalten.

Drahtloser Datenaustausch mit AirDrop

Eine sehr nützliche Funktion zum raschen drahtlosen Datenaustausch zwischen mehreren Apple-Geräten ist AirDrop.

Voraussetzung dafür ist, dass alle Teilnehmer Bluetooth sowie AirDrop aktiviert haben (beides im Kontrollzentrum, wobei Sie zum Aufrufen der AirDrop-Optionen den Datenbereich gedrückt halten) und dass Sie die Kontaktaufnahme durch andere Personen erlauben.

Bestimmen Sie im Kontrollzentrum, wer Ihnen per AirDrop Dateien senden darf

Sie können dann in verschiedenen Apps, z. B. *Fotos*, *Kalender*, *Notizen* usw., auf das Symbol tippen und im Menü die Option *AirDrop* auswählen. Anschließend werden Ihnen die verfügbaren Personen angezeigt und Sie können die Datei senden. Das Praktische: Die Dateien werden bei den Empfängern, sofern diese zustimmen, automatisch in die entsprechenden Apps übernommen.

Wichtige Infos zu Code-Sperre und Face ID

Das iPhone selbst ist schon kostbar, aber noch kostbarer sind die Informationen, die Sie im Laufe der Zeit darauf speichern: Kontakte, Dokumente, Fotos und vieles mehr. Sie sollten Ihr iPhone deshalb unbedingt mit einer Code-Sperre schützen.

Standardmäßig wird Ihnen beim Einrichten des iPhones das Erstellen eines sechsstelligen Codes angetragen. Noch sicherer ist ein längerer alphanumerischer Code – aber natürlich auch mühseliger zum Merken und Eintippen. Der alphanumerische Code kann neben Ziffern auch Buchstaben und Sonderzeichen beinhalten.

Wenn Sie sich aus Sicherheitsgründen für einen solchen Code entscheiden möchten, gehen Sie dazu folgendermaßen vor:

1 Öffnen Sie die *Einstellungen* und wählen Sie *Face ID & Code* (bzw. auf einem iPhone mit Home-Taste *Touch ID & Code*).

2 Geben Sie Ihren bisherigen Code ein.

3 Tippen Sie auf *Code ändern*.

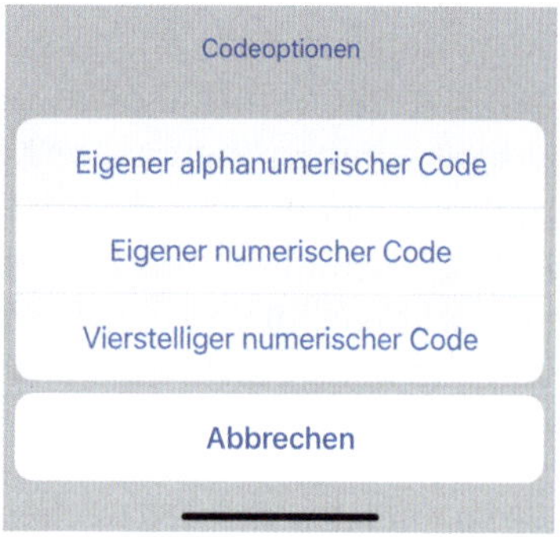

4 Sie werden erneut zur Eingabe des bisherigen Codes aufgefordert; anschließend wählen Sie *Codeoptionen*.

5 Im sich öffnenden Menü entscheiden Sie sich für den Eintrag *Eigener alphanumerischer Code*.

6 Geben Sie zweimal den gewünschten Code ein. Wählen Sie am besten einen Code, der beim Eintippen keine häufigen Wechsel der Tastaturebenen erfordert!

Daten löschen bei zu vielen Fehlversuchen

Ihre Daten sollen lieber gelöscht werden, bevor sie einem Dieb in die Hände fallen? Aktivieren Sie in den *Einstellungen* unter *Face ID & Code* die Option *Daten löschen*, wird das iPhone nach zehn falschen Code-Eingaben zurückgesetzt.

Für die Face ID: alternatives Erscheinungsbild einrichten

Bereits bei der Inbetriebnahme eines iPhones mit Face ID werden Sie zum Einrichten der Face ID aufgefordert. Sie können zusätzlich ein alternatives Erscheinungsbild konfigurieren, um die Gesichtserkennung zu verbessern:

1 Wählen Sie in den *Einstellungen* den Eintrag *Face ID & Code*.

2 Tippen Sie auf *Alternatives Erscheinungsbild konfigurieren.*

3 Bestätigen Sie den einführenden Hinweis mit *Los geht's.*

4 Richten Sie Ihr Gesicht im Rahmen aus und blicken Sie auf das iPhone. Eine Brille oder Kontaktlinsen können Sie anbehalten.

5 Kreisen Sie nun Ihren Kopf so, dass er in einer Rundumsicht aufgenommen wird – so lange, bis der angezeigte Kreis vervollständigt ist.

6 Bestätigen Sie den ersten Durchgang mit *Weiter* und wiederholen Sie den Gesichtsscan.

7 Bestätigen Sie schließlich mit *Fertig*, um den Vorgang abzuschließen.

Aktivieren beim Anheben abschalten

Standardmäßig wird Ihr iPhone automatisch aktiviert, wenn Sie es anheben. Das ist praktisch, um sofort einen Blick auf die Mitteilungen werfen zu können, die auf dem Sperrbildschirm angezeigt werden.

Andererseits kostet es aber zusätzlichen Strom. Wenn Sie die Funktion deshalb lieber abschalten möchten, tun Sie dies in den iPhone-Einstellungen unter *Anzeige & Helligkeit*: Stellen Sie dort den Schalter *Beim Anheben aktivieren* auf *Aus.*

Sorgsam mit dem Apple-Passwort umgehen!

Ich kenne Personen, die jedem das zu ihrer Apple-ID gehörende Passwort auf die Nase binden. Das ist schon sehr leichtsinnig, denn Sie wissen ja, was man mit der Apple-ID alles anstellen kann – von der Ortung übers Internet über Einkäufe im App Store bis hin zum E-Mail-Versand vom iCloud-Mail-Account aus.

Das zu Ihrer Apple-ID gehörende Passwort sollten Sie deshalb genauso geheim halten wie die zu Ihrer Bankkarte gehörende PIN! Ändern Sie außerdem regelmäßig, etwa einmal im Vierteljahr, Ihr Passwort. Entscheiden Sie sich dazu in den *Einstellungen* oben für Ihren Benutzernamen, wählen Sie *Passwort & Sicherheit* und dann *Passwort ändern.*

Das iPhone zurücksetzen

Wenn das iPhone mal nicht mehr reagieren sollte, führen Sie einen Reset durch, indem Sie zunächst die Lauter-Taste drücken und loslassen, dann sofort die Leiser-Taste drücken und loslassen und schließlich die Seitentaste einige Sekunden gedrückt halten, bis das Apple-Logo erscheint. Auf älteren iPhones halten Sie einfach die Seitentaste und die Home-Taste gedrückt. Das iPhone wird neu gestartet – die auf dem iPhone gespeicherten Inhalte bleiben selbstverständlich erhalten.

Sie können jederzeit auch bestimmte Daten oder sämtliche Inhalte zurücksetzen – Letzteres ist insbesondere dann erforderlich, wenn Sie das iPhone verkaufen oder an eine andere Person weiterreichen.

Die Optionen zum Zurücksetzen finden Sie in den *Einstellungen* unter *Allgemein* und dort unter *iPhone übertragen/zurücksetzen*. Hierzu ein Überblick:

- *Alle Inhalte & Einstellungen löschen:* Mit dieser Option setzen Sie Ihr iPhone komplett zurück, d. h., es wird auf den Werkszustand zurückgesetzt, sämtliche Einstellungen, Apps und Dateien werden gelöscht.
- *Zurücksetzen/Alle Einstellungen zurücksetzen:* Diese Option wählen Sie, um die Einstellungen des iPhones auf den Werkszustand zurückzusetzen. Die auf dem iPhone gespeicherten Apps und Dateien bleiben davon unberührt.

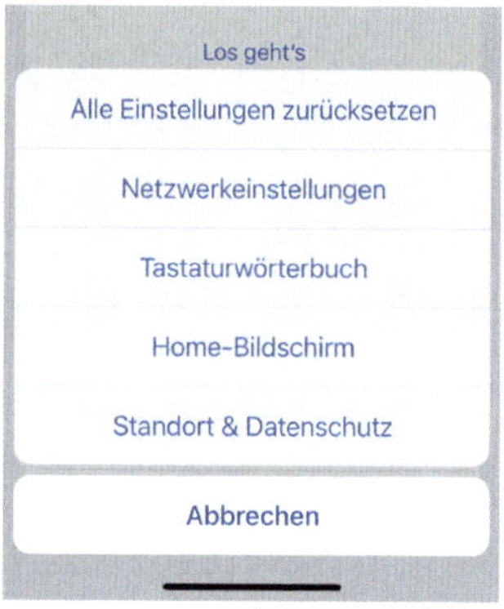

- *Zurücksetzen/Netzwerkeinstellungen:* Wie der Name schon sagt, werden mit dieser Option die Netzwerkeinstellungen gelöscht. Die WLAN-Passwörter müssen nach dem Zurücksetzen neu eingegeben werden.
- *Zurücksetzen/Tastaturwörterbuch:* Diese Option haben Sie bereits in Kapitel 2 kennengelernt. Löschen Sie damit die Daten, die das iPhone durch Ihre Tastatureingaben erlernt hat.

- *Zurücksetzen/Home-Bildschirm:* Mit dieser Option erhalten Sie den Home-Bildschirm zurück, der Ihnen nach der Inbetriebnahme Ihres iPhones angezeigt wurde. Dies betrifft aber nur die Anordnung der Apps, die von Ihnen installierten Apps werden nicht gelöscht.
- *Zurücksetzen/Standort & Datenschutz:* Machen Sie mit dieser Option alle im Zusammenhang mit dem Standortzugriff und Datenschutz getätigten Freigaben rückgängig.

3D & Haptic Touch ... 28

A

Abo ... 112
Account ... 62
Adressen ... 74
Adressleiste ... 120
AirDrop ... 149
AirPlay ... 115
Akku ... 57
Album ... 107
Als Hintergrund ... 109
Alternatives Erscheinungsbild ... 150
Analysedaten ... 67
Anheften ... 85
Animationen ... 90
Animoji ... 87
Anklopfen/Makeln ... 81
Anmelden ... 63
Anpassen von Fotos ... 103
Anruf
  ablehnen ... 80
  ankündigen ... 81
Anrufaudioausgabe ... 28
Anrufer-ID ... 82
Anrufliste ... 75
Antworten ... 93
Anzeige ... 27
Anzeigefolge ... 146
Apple Arcade ... 62
Apple-ID ... 151
Apple Music ... 112
Apple Pay ... 69
Apple TV ... 116
Apple TV Remote ... 29
App-Limits ... 77
App-Mediathek ... 44
App-Ordner ... 50, 51
Apps ... 44
  ausblenden ... 61
  auslagern ... 56
  Dateien ... 133
  entfernen ... 47
App-Umschalter ... 58
Arcade ... 62
Assistive Touch ... 28
Audiobeschreibungen ... 28
Audio/Visuell ... 30
Auf anderen Geräten ... 81
Aufmerksamkeit ... 29
Ausblenden ... 62
Ausland, Internetnutzung ... 118
Auslösertaste ... 100
Ausrichten von Fotos ... 103
Auswahl sprechen ... 28
Auszeit ... 77
Auto-Korrektur ... 33
Automation ... 19

B

Backup ... 132
Batterie ... 57
Bearbeitungszustand ... 50
Bedienungshilfen ... 24, 26
Beim Anheben aktivieren ... 151
Beschränkungen ... 77
Betriebssystem ... 7
Betrugswarnung ... 71
Bewegung ... 27
Beziehungen ... 145
Bildbearbeitung ... 101
Bildformat ... 96, 97
Bild-in-Bild-Funktion ... 79, 85
Bildschirmfoto ... 100
Bildschirminhalt sprechen ... 28
Bildschirmzeit ... 77

Blitzer 144
Blockieren 82
Bluetooth 66, 114
Bluetooth-Tastatur 40
Browser 70
Buchstabenvarianten 38

C

Chatten 85, 93
Code-Sperre 149
Copy-and-paste 39
Cross-Sitetracking 71

D

Darstellung 106
Dateien-App 133
Datenaustausch 136, 149
Daten löschen 150
Datenroaming 119
Datenschutz 13, 63
Datenvolumen 60
Desktop-Website 125
Diashow 107
Digital Touch 90
Diktierfunktion 21
Displayhintergrund 109
Domain 123
Download-Manager 123
Drag-and-drop 40
Drehen von Fotos 103
Dreifachklick 31
Dreifachtipp 29

E

Einfingerbedienung 30
Einhandmodus 28
Einhandtastatur 37
Einladen 110
Einsetzen 39
Einstellungen 7
E-Mail-Adresse verbergen 65
E-Mail-Datenschutz 64
E-Mails 128
  durchsuchen 129
  Filterfunktion 129
  Posteingang 129
  Signatur 129
Emoji-Tastatur 35
Equalizer 113
Erinnerung erstellen 80
Explorer 136

F

Face ID 150
Face ID & Code 150
FaceTime 79, 84
  3D Audio 9
  Porträtmodus 9
Familie 110
Familienfreigabe 138
Feste Zeitzone 147
Feststelltaste 38
Fetter Text 27
Filme 112
Filter 97
Filterfunktion 129
Finder 136
Firmennetzwerk 120
Flugmodus 137
Fokus 8, 94
Folge 113
Formatprobleme 114
Fotofilter 102
Foto-Mediathek 106
Fotos als PDF speichern 106
Fotos-App 107
Fotostream 109
Frontkamera 96

Frontkamera spiegeln ... 97
Für dich ... 108

G

Geführter Zugriff ... 31
Geplante Übersicht ... 148
Geräuscherkennung ... 30
Gesprochene Inhalte ... 28
Gesundheitsdaten ... 141
Geteilte Alben ... 109
Großbuchstaben ... 22, 33, 109
Größerer Text ... 27
Gruppen ... 146
Gruppen-Chat ... 93

H

HandBrake ... 114
Handoff ... 70
Handschriftliche Nachricht ... 86
Hardware ... 8
Headset ... 28
Health ... 141
Herunterladen ... 123
Hey Siri ... 17
Hintergrundaktualisierung ... 57, 59
Hintergrundbild ... 109
Home-Bildschirm ... 44, 153
HomeKit ... 67
Home-Taste ... 16
Hörbücher ... 112
Hörhilfen ... 30
Hotspot ... 119

I

iCloud ... 131
iCloud+ ... 64
iCloud-Backup ... 132
iCloud-Fotos ... 132
iCloud-Schlüsselbund ... 126
iCloud-Tabs ... 132
IMEI ... 57
iMessage ... 85
In App-Mediathek bewegen ... 47
Info ... 57
Inhalte & Einstellungen löschen ... 152
Intelligente Interpunktion ... 32
Internet ... 118
iOS 15 ... 7
IP-Adresse ... 65
iPhone ... 7
iPhone-Name ... 57
iPhone-Rückseite ... 25
iPhone-Speicher ... 55
iPhone-Suche ... 137
iPhone-Tastatur ... 35
iTunes Remote ... 117

K

Kalender ... 146
Kalenderwochen ... 147
Kamera ... 96
Karten-App ... 143
Käufe ... 61
Kennzeichen ... 148
Keynote ... 137
Kindersicherung ... 77
Kommunikation ... 79
Kontakte ... 128
  blockieren ... 82
  verknüpfen ... 145
Kontextmenü ... 32
Kontrast ... 27
Kontrollzentrum ... 42
Konversation verlassen ... 93
Kopfhörer-Anpassungen ... 30
Kopieren ... 39
Kreditkarte ... 139
Kreditkartendaten ... 126

Kurzbefehl 31, 38, 123
Kurzbefehle-App 18
Kürzen 106
Kurznachrichten 85

L

Laden 58
Lautstärke 113
Leseliste 127
Live Photos 98, 104
Live Text 9, 14
Lokales Netzwerk 66

M

Mac 136
Mail 118, 128
Makeln 81
Markieren 129
Markieren von Fotos 103
Mediathek 107
Medien 67
Medienwiedergabe 112
Mein Fotostream 132
Mein iPhone suchen 137
Memoji 87
Memoji-Sticker 89
Microsoft Store 136
Mit Apple anmelden 63
Mit Nachricht antworten 80
Mitteilungen 76, 147
Mobile Daten 60
Mobiles Netz 119
Mobilfunknetz 60
Musik 112

N

Nachrichten 85
Nachrichten anheften 85
Netzbetreiber 83
Netzwerk 66
Netzwerkeinstellungen 152
Nicht stören 94
Notruf SOS 142
Numbers 137

O

Öffentliche Website 110
Offline-Übersetzung 141
Optimiertes Laden 58
Ordner 50, 51
Ortsabhängige Vorschläge 70
Ortungsdienste 66

P

Pages 137
Panoramafotos 99
Passwort 151
Passwort vorschlagen lassen 126
Personalisierte Werbung 68
Persönlicher Hotspot 119
Podcasts 112, 113
Posteingang 129
Postfachfavoriten 128
Privater Modus 72
Privatfreigabe 116
Privat-Relay 65
Produktverbesserungen 70

Q

Querformat 35
QuickPath 33
QuickTake-Video 100

R

Radarfallen 144
Reader-Darstellung 125
Rechner 76
Rechtschreibprüfung 34

Register ... 44
Reset ... 152
Roaminggebühren ... 118
Rückblicke ... 108
Rückgängig machen ... 34
Rückseite ... 25
Rufnummer ... 82
Rufweiterleitung ... 81

S

Safari ... 9, 70, 118
  Download-Manager ... 123
  Kreditkartendaten ... 126
  Reader-Darstellung ... 125
  Startseite ... 124
  Suche ... 122
  Webseitenoptionen ... 125
Schaltersteuerung ... 29
Schlüsselbund ... 126
Schnelle Website-Suche ... 73, 122
Schütteln ... 34
Seitentaste ... 16, 29
Selbstauslöser ... 98
Selfie ... 97
Sensor- und Nutzungsdaten ... 67
Seriennummer ... 57
SharePlay ... 9
Signatur ... 129
SIM-Anwendungen ... 83
SIM-PIN ... 82
Siri ... 16
  Kurzbefehle ... 18
  Stimme ... 21
Skripte ... 19
Slo-Mo ... 96
Smart-Stapel ... 55
Smileys ... 35
SMS ... 92
SMS/Anruf melden ... 82
Softwareupdate ... 7
Speicher ... 55
Speicherort ... 123
Speicherplatz ... 131
Sperrbildschirm ... 76
Spiegeln ... 97
Spiegeln von Fotos ... 103
Spiele ... 62
Spitzname ... 21
Sprachassistentin ... 16
Sprachbotschaft ... 91
Sprachen ... 140
Sprachsteuerung ... 24
Sprechblasen ... 91
Standardhinweise ... 147
Standort ... 66
Standortfreigabe ... 92
Startseite ... 124
Stereoanlage ... 114
Sticker ... 89
Stromsparmodus ... 57
Stummschalter ... 83
Sturzrisiko ... 141
Suchmaschine ... 122
Symbolleiste ... 125
Synchronisierung ... 145
Systemdienste ... 60, 69

T

Tabgruppen ... 72, 120
Tableiste ... 120
Tabs ... 73
Tags ... 135
Tastatur ... 30, 35
  hinzufügen ... 36
  mit Bluetooth verbinden ... 40
  Querformat ... 35
  von Drittanbietern ... 36
Tastaturanschläge ... 83

Tastaturwörterbuch 34, 152
Tastenverzögerung 30
Tastenwiederholung 30
Telefon 81
Telefonieren 79
Termin erstellen 146
Textersetzung 38
Textgröße 27
Thumbnail 106
Timer 97
Timer-Ende 113
Tippen 28
Ton beim Sperren 83
Toptreffer 71
Touch-Anpassungen 28
Tracking 66
Trendanalyse 141
TV-Gerät 116

U

Übersetzen 125
Übersetzen-App 140
Umschalten 33
Unbekannte Anrufer 82
Untertitel 30

V

Verlauf 73
Videobearbeitung 106
Videos 100
Videosequenzen 98
Videotelefonat 79
VLC for Mobile 114
VoiceOver 27
Vorschauen 76
Vorschläge 32
VPN 120

W

Web-Apps 137
Webbrowser 137
Webseite offline speichern 127
Websitedaten 73
Website-Einstellungen 125
Werbungsmessung 71
Werkszustand 152
Wetter 144
Widerrufen 34
Widgets 52
Wiedergabe stoppen 113
Wiederholen 34
WiFi Photo Transfer 106
Windows-PC 136
WLAN 66
WLAN-Anrufe 81
WLAN-Hotspot 119

Z

Zeichenanzahl 92
Zeichenvorschau 33
Zeitbeschränkungen 77
Zeitlupenvideo 96
Zeitraffer 96
Zeitverzögerung 98
Zeitzone 147
Zoom 27, 125
Zu Fotos hinzufügen 40
Zuletzt gelöscht 71
Zum Aufwecken tippen 28
Zum Home-Bildschirm 48, 128
Zurücksetzen 152
Zuschneiden von Fotos 103
Zwischenablage 75

macOS Monterey

Anschauliche Bild-für-Bild-Anleitungen erklären Ihnen alle zentralen und nützlichen Funktionen des Mac mit dem aktuellen Betriebssystem macOS Monterey.

Sie erfahren alles Wichtige zur Benutzeroberfläche mit Schreibtisch und Dock, zu den Systemeinstellungen, zum Finder, zu Safari, Siri, FaceTime und zur Synchronisierung Ihrer Daten mit verschiedenen Geräten.

macOS Monterey
Schritt für Schritt einfach erklärt
Philip Kiefer
335 Seiten
ISBN 978-3-95982-280-0
€ 16,95 (D) | € 17,50 (A)

www.mut.de